新視点で読み解く！

関ヶ原合戦と大坂の陣

歴史街道編集部 編

Rekishikaido

PHP新書

❖目次❖ 関ケ原合戦と大坂の陣

第Ⅰ部 関ケ原合戦

小山評定と問い鉄砲はなかったのか？
関ケ原をめぐる論点……笠谷和比古 13

家康を「天下人」へと押し上げた
5つのターニングポイント……黒田基樹 33

石田三成、毛利輝元……
西軍を主導した男たちの思惑　光成準治　45

一貫した東軍ではなかった？
加藤清正と鍋島直茂の真意　光成準治　57

決戦地の「地形」を読み解く！
勝敗を分けたものとは　谷口研語　69

徳川軍団は何をしていたか……
「天下分け目」の舞台裏　橋場日月　83

「北政所」と「淀殿」の敵対説は事実なのか……福田千鶴 95
伊賀者、甲賀者……「必要不可欠」とされた忍びの任務とは……山田雄司 107
東軍勝利の陰で……戦いを左右した語られざる要因……小和田哲男 115

第II部 大坂の陣

徳川家康は本当に豊臣家を潰したかったのか……笠谷和比古 135
開戦への導火線となった決別……茶々と片桐且元の苦悩……黒田基樹 153

豊臣秀頼は凡愚だったのか？
家康に対峙した青年の真実……福田千鶴 167

意外な武将が大坂方にいた！
裏事情があって
戦いに臨んだ男たち……橋場日月 179

世界史からの随想――
キリシタン武士が全滅、
日本人らしさはかくして守られた……荒山 徹 193

小堀遠州の書状が語る「大坂幕府構想」……跡部 信 203
初出一覧……218
執筆者紹介……220

第Ⅰ部 関ケ原合戦

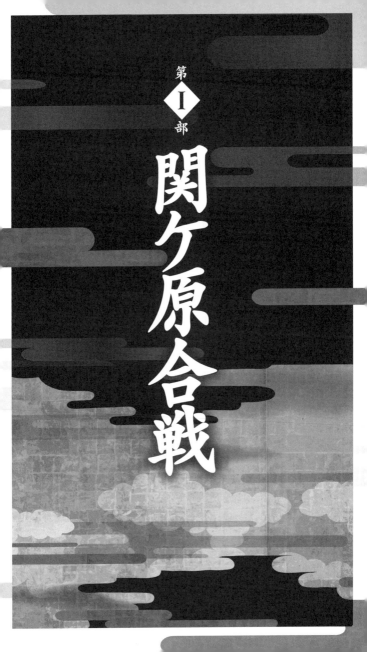

伊達《だて》政宗《まさむね》
上杉《うえすぎ》景勝《かげかつ》
前田《まえだ》利長《としなが》
井伊《いい》直政《なおまさ》
前田《まえだ》利政《としまさ》
真田《さなだ》昌幸《まさゆき》
佐竹《さたけ》義宣《よしのぶ》
結城《ゆうき》秀康《ひでやす》
本多《ほんだ》忠勝《ただかつ》
徳川《とくがわ》家康《いえやす》・秀忠《ひでただ》
浅野《あさの》幸長《よしなが》
中村《なかむら》一氏《かずうじ》
山内《やまうち》一豊《かずとよ》
田中《たなか》吉政《よしまさ》
池田《いけだ》輝政《てるまさ》
福島《ふくしま》正則《まさのり》
筒井《つつい》定次《さだつぐ》
東軍
西軍から東軍に内応した大名
西軍
東軍から西軍に内応した大名
中立・不明

日本を二分した大乱！
両軍の主要武将たち

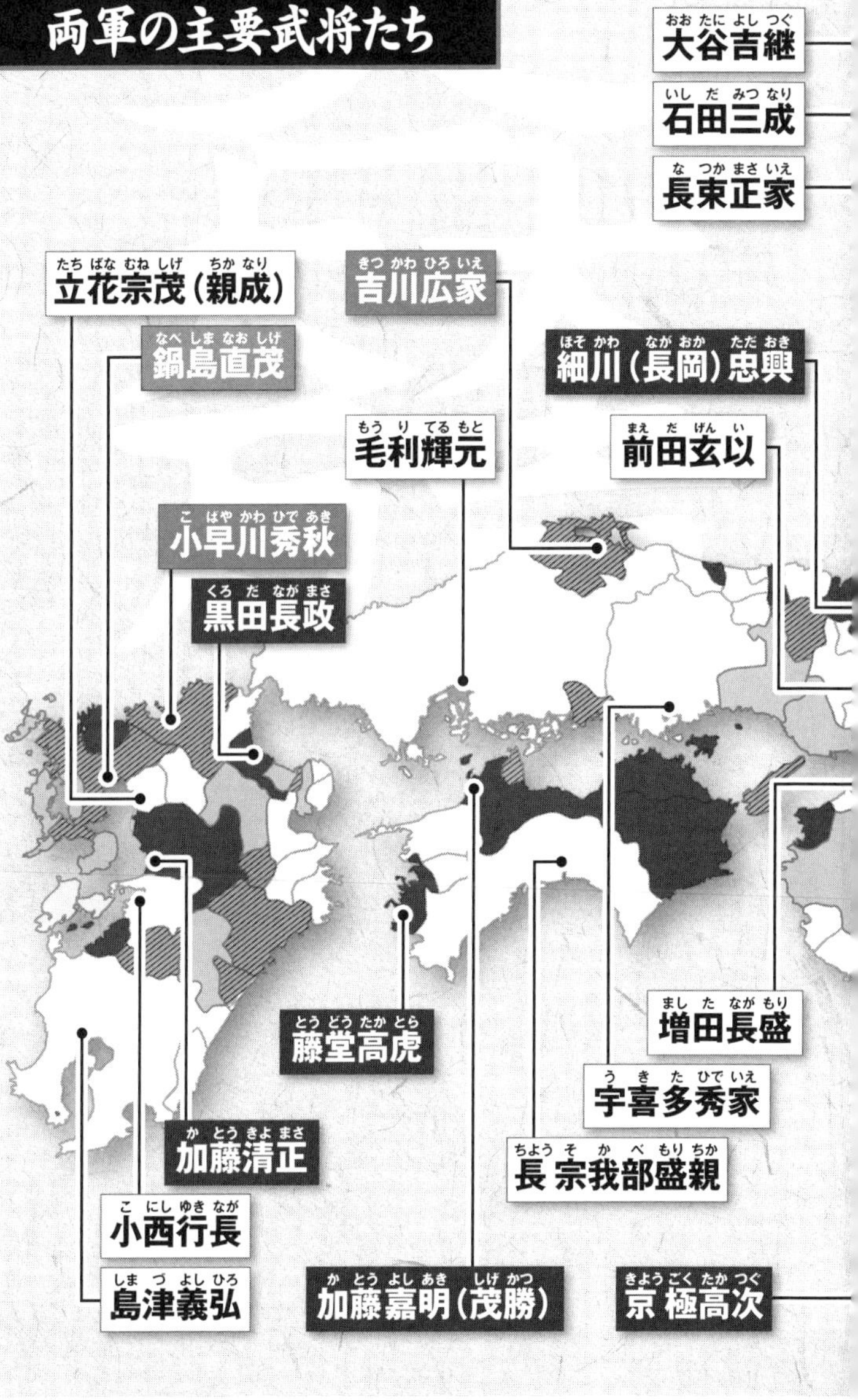

[写真] PIXTA

小山評定と問い鉄砲はなかったのか？ 関ケ原をめぐる論点

笠谷和比古
Kasaya Kazuhiko

「直江状は偽書だ」「合戦は早期に終結した」など、関ケ原合戦については様々な説が出され、議論が活発化している。いったいどんな説が出されていて、いかなる関ケ原像が見えてくるのか。

❖通説のもととなっている史料

今日の関ケ原合戦研究は、様々な説が出され、あたかも百花繚乱の観を呈しています。本稿では、関ケ原の流れにそって主な論点を挙げつつ、その概要と、それに対する私の見解も述べていきたいと思います。

まず前提として触れたいのですが、関ケ原合戦に関する研究においては、従来は二つの書を基礎としていたといっていいでしょう。

兵員の数や戦陣の位置といった軍事的な事項は、日本陸軍の参謀本部が編纂した『日本戦史・関原役《せきがはらえき》』がベースとなっています。

それから、歴史的評価の大枠に関しては、徳富《とくとみ》蘇《そ》峰《ほう》の『近世日本国民史・関原役』です。

織田信長から明治の条約改正までを取り上げた大著『近世日本国民史』は、すべての近世史研究者に影響をおよぼしているといっても過言ではありません。

国家主義者だった徳富蘇峰は「右寄り」ですが、基本的に「左寄り」である戦後の歴史学は徳富蘇峰のイデオロギーについて批判しても、関ケ原合戦、大坂の陣、徳川幕藩体制などの事実関係についての捉え方は、彼がつくりあげた大枠に取り込まれています。それほど、『近世日本国民史』の影響力は絶大なのです。

❖「石田襲撃事件」の実相

その影響がおよんだ一例として、「豊臣七将《しちしょう》による石田襲撃事件」が挙げられます。

慶長四年（一五九九）閏三月、大老の前田利家《としいえ》が亡くなった直後、福島正則、黒田長政、加藤清正ら豊臣七将が石田三成を襲撃し、三成が京都伏見《ふしみ》の徳川家康の屋敷に逃げ込んだ、というものです。

従来の通説では、「三成が大坂から伏見に逃げ、家康が三成を自邸にかくまった」と、理解されてきました。

これを断定したのが徳富蘇峰の『近世日本国民史』であり、それが百年にわたって人々の認識を拘束してきました。

私もその枠組みに引きずられていたのですが、家康が三成をかくまった典拠となる史料を調べ始めたらひとつも見つからず、むしろ三成が管轄する伏見城の曲輪《くるわ》に逃げ込んだとする史料に出会いました。

考えてみれば、伏見城内にある自分の管理する曲輪が一番安全であり、そこに逃げ込むほうが理にかなっています。

つまり、三成は伏見城の治部少輔《じぶしょう》曲輪に籠《こも》り、家康の屋敷に逃げ込んだのではない、と考えられるのです。ちなみに、この当時の家康の屋敷は伏見城から離れた、それも宇治《うじ》川対岸の向島《むかいじま》でした。

七将は伏見城に入れないので、三成は安全な状況を確保したことになります。しかし、三成は七将が伏見城の周囲にいる限り出るに出られないし、七将の側も攻めきれない。要するに、双方ともにデッドロック（手詰まり）の状態に陥ったわけです。

ここで動いたのが、三成の盟友・安国寺恵瓊《あんこくじえけい》でした。主君の毛利輝元に「家康に和解の仲介を依頼してほしい」と頼み、輝元がそれを受けて打診。すると家康が乗り出して、七将に鉾《ほこ》を収めさせるとともに、三成の身の安全を確保し、居城の佐和山《さわやま》まで送るかわりに政界から引退させるという形で事態を収拾しました。

それは天下を狙う政略というより、五大老として公儀《こうぎ》を担うという大所高所の観点から公平な立場で裁断し、豊臣政権内のクーデター事件を解決に導いたのだと考えられます。

そしてこの事件は、大きな意味をもちます。三成と七将の抗争は豊臣陣営内における「吏《り》僚《りょう》派と武功派との対立」であり、両者の争いを裁定した家康が、後にアンチ石田の武功派と合同することによって、関ケ原合戦の東軍が形成されました。その意味では、三成襲撃事件のなかに、関ケ原合戦の構図が見て取れるのです。

なお事件後、安国寺恵瓊の働きかけで共同行動をとった家康と輝元は誓約書を交わし、同盟関係が成立します。

ところが後に、その安国寺恵瓊が、関ケ原合戦の前に、家康と輝元の切り離しを画策し、輝元を三成陣営につけることに成功しました。

家康はその動きを知らなかったからこそ、三成が挙兵したときに「輝元が三成についた」という報せを受け取っても、最初は信じなかったというわけです。

❖「直江状」は偽書なのか？

石田三成襲撃事件後、国もとの会津《あいづ》に戻っていた上杉景勝に対して家康が謀反嫌疑を詰問し、それに対する弁明書を、景勝の家臣・直江《なおえ》兼続《かねつぐ》が書いたとされます。それが、「直江状」

と称されるものです。

家康の詰問状は、相国寺《しょうこくじ》の僧・西笑承兌《さいしょうじょうたい》が筆を取ったもので、「道や城普請《ぶしん》、武具の収集、浪人衆を召し抱えていることなどが、周辺から伝えられている」として、景勝に謀反の風聞があるから、景勝自身が上洛して弁明するようにとしています。

これに対して、直江状は「道普請や城普請については、越後《えちご》から会津に移って日が浅いから、防備を強化するのは当然ではないか」「武具を集めるのは武士のたしなみである」などと反論しました。

ただし、「上方《かみがた》では武具より茶道具を集めるのが趣味のようだけれど」と余計なことも書かれていて、そういう芝居がかった文言があることや、同じ内容が繰り返し書かれていることなどから、昨今は「後世につくられた偽書」という説が出されています。

直江状を考えるときに注意したいのは、オリジナル、つまり原本が残っておらず、複数の写しが残存していることです。

これに関しては、もととなる直江状があって、写しをつくるときに文飾されて、過激な内容になったのだろうと私は見ています。

たとえば、家康と景勝のいずれが「表裏比興《ひきょう》か」とする文書もあれば、「表裏か」と書かれている文書もあります。

「表裏」とは「二枚舌」という意味で、「家康は嘘つきか」と反駁《はんばく》しているのですが、「表裏」と「表裏比興」では相手に対する「攻撃度」が違います。「表裏比興」という表現は、後世の文飾でしょう。

また、同じことをくどくどと書いているのは直江状の特徴の一つですが、仮に偽書であれば無駄なことは書かず、詰問項目一つひとつに回答ずる形でつくられるのが自然であり、整理されていないことは、むしろリアリティを示しているように思います。

つまり、直江兼続が筆に任せ、思うがままを書いていったために、無駄な繰り返しがあったり、「上方では茶道具を集めるのが趣味のようだ」という余計な皮肉も出てきたのではないでしょうか。

直江状の真偽を判定する上で重要なのは、激怒した家康に対して、三奉行（前田玄以、増田長盛、長束正家）と三中老（生駒親正《いこまちかまさ》、中村一氏、堀尾吉晴《ほりおよしはる》）が連名で諫言した書状です。

そこでは「田舎者の物言い故《ゆえ》、相手にされまじ」と止めているのですが、この三奉行・三中老連署書状に関して、「直江状と同時につくられた偽書だ」とする説があります。

三中老の存在については、小瀬甫庵《おぜほあん》の『太閤記《たいこうき》』といった二次史料（後世の史料）にしか出てこず、一次史料（同時代の史料）には出てこない。したがって、「三中老は虚構」として、家康を宥《なだ》める文書もまた偽書だというわけです。

しかし、三中老が存在したことを裏付ける一次史料が、長府《ちょうふ》藩毛利家の文書のなかにありました。

それは会津征伐の問題をめぐって毛利輝元が毛利秀元《ひでもと》にあてた書状で、「家康の会津征伐を押しとどめようとしている三奉行・三中老から、毛利も働きかけてくれないかとの依頼があった」ということが書かれているのです。

この書状の存在によって三中老の実在が確認されました。そして三中老と三奉行が共同で、家康の会津征伐をとどめようとしていることで、先に掲げた連署状も本物であることが裏付けられ、その結果、直江状は偽書ではなく実在したことが証明されるという関係です。

ところでなぜ、直江兼続は家康を怒らせるような文書を、わざわざ書いたのでしょうか。

これは私の推測ですが、前年の加賀征伐に起因していると思います。

謀反を理由に、家康から加賀征伐の動員令が出ると、前田利長はすぐに降参して、母の芳《ほう》春院《しゅんいん》（まつ、前田利家妻）を江戸に送りました。これが徳川家への大名人質の第一号といわれますが、以後、前田家は完全に徳川家に従属するかたちとなります。

上杉家からすれば、「家康は五大老を各個撃破でつぶし、天下を狙うつもりであろう」と見てもおかしくありません。

「謙信以来、弓矢厳しき上杉家は前田のように簡単には屈しない」という気概と誇りが、直江状からは読み取れます。

関ケ原合戦の後、景勝が百二十万石から三十万石に減封されても、兼続は責任を問われていません。それは、直江状が上杉家の総意だったことを示唆しています。

❖「小山の評定」はなかったのか？

家康が会津征伐のために率いた軍勢には、多数の豊臣系大名が含まれていました。

会津征伐は徳川と上杉との私戦でなく、謀反人の上杉景勝を討伐する「公儀の戦い」であり、豊臣秀頼《ひでより》の名代《みょうだい》である家康は「官軍」を率いていたことになります。

当時の動員の原則は、敵地に近いところに領地をもつ大名の順で、従軍する義務を負います。これを私は「義務的従軍」と名付けています。

上杉征伐の場合、敵地は会津ですから、徳川が一番近く、東海道筋の大名は、駿府《すんぷ》の中村一氏、浜松の堀尾吉晴、吉田の池田輝政、岡崎の田中吉政、清須《きよす》の福島正則の順に、豊臣公儀の軍隊を率いる家康の下で従軍しなければならない。中山道《なかせんどう》方面の大名も同様です。

他方、義務を課されない大名が自発的に従軍してもかまいません。九州や四国に領地をもつ大名では、中津《なかつ》の黒田長政、宇和島《うわじま》の藤堂高虎、宮津《みやづ》の細川忠興などは、天下分け目の大戦が始まるだろうことを見越して、上杉征伐に従軍したと思われます。

石田三成が挙兵した後、細川忠興は国もとの家臣に、「私がいったとおりの展開になっているだろう」と自慢げに手紙を書き、黒田長政もそれに近いことをいっています。彼らのケースは「思惑付き従軍」といえるでしょう。

全員が思惑付き従軍であれば、「上方で挙兵した三成を討つために、会津征伐の軍を西へ転じる方針に従うか」と聞く必要はありません。

ニュートラルな立場の大名が多かったために、家康は去就を問わなければならず、そのために開かれたのが「小山《おやま》の評定《ひょうじょう》」だったのです。

豊臣系大名の兄貴分だった福島正則が「家康に味方する」と最初に述べたことで、並み居る諸将が同意した。これが小山評定の基本的な形です。

ところが近年、「小山評定は、家康の天下取りをドラマティックに演出するために、後の時代につくり上げたフィクションだ」という説が注目を集めました。

その理由として、「多数の大名が参加したのだから、小山評定に関する書状などが残っていてしかるべきだが、一次史料はなく、すべて後世につくられた二次史料である」という点が挙げられています。

しかし、二次史料とはいえ、細川忠興、黒田長政、田中吉政など、多くの大名家の年譜に、小山評定に参加したことが書かれています。それらのすべてが後につくられた虚構なら、徳川家が中心となって全国の大名家を集め、「このように書け」と指示しなければなりませんが、それは無理でしょう。

そもそも「小山評定はフィクション」とする説は、一次史料を見落としています。

七月二十五日に小山評定を催した結果、豊臣系の大名たちは一致して家康に味方することを決め、東海道を西へ進んでいきました。

ところが、四日後の七月二十九日に、豊臣公儀の代表である三奉行（増田長盛、前田玄以、長束正家）が発給した「内府違《だいふちが》いの条々《じょうじょう》」という家康に対する糾弾状が家康一行のもとに届いたことで、事情が大きく変わります。

それまで三奉行と秀頼生母の淀殿《よどどの》は、「三成たちが不穏な動きをしている」「早く上方に戻って、不穏な動きを鎮静してほしい」という内容の手紙を家康に送っていました。そのため、ほとんどの豊臣系大名が家康に味方するのは当然のことだったのです。

しかし、三奉行と淀殿がくら替えして、三成の側を正当軍とみなし、家康を謀反人と弾劾したことで、家康と行動を共にする軍は反乱軍となりました。

これを知って驚愕した家康は、七月二十九日に黒田長政と田中吉政に手紙を出し、そこには「大坂奉行衆別心《べっしん》により」（別心とは「裏切り」という意味）と書かれ、さらに「重ねて相談せしむべし」とあります。

つまり、「三奉行が裏切ったので、再度協議したい」といったわけですが、「重ねて」という言葉は、七月二十九日以前に一回、家康と豊臣武将たちが相談する場が設けられていたことを物語り、小山評定があったことを証示しています。

この家康の書状は、紛れもない一次史料です。

それから、近年発見された、浅野幸長が下野《しもつけ》国黒羽《くろばね》の大関資増《おおぜきすけます》に送った七月二十九日付の返事書状には、「その刻《こく》小山へ罷《まか》り越し、御返事申し入れず候《そうろう》」「上方の儀、各《おのおの》申し談ぜられ、仕置《しおき》に付《つき》、（中略）内府《だいふ》様仰せられ候」とあります。

つまり、「手紙を送られたときに小山にいっていて、宇都宮の陣所《じんしょ》を留守にしておりました」「上方の問題は諸将と協議し、家康様が命令されて会津征伐は延期しました」と書いているのです。

これも動かざる一次史料であり、家康の書状とあわせて、小山評定が実在したことは間違いないでしょう。

ところで、家康が豊臣公儀の中枢から謀反人と糾弾され、状況が百八十度変わったとき、小山評定で豊臣系武将たちが家康に味方すると言った誓約は、依然として有効なのでしょうか。

「武士たる者がひとたび口にした約束は死ぬまで守らなければいけない」という当時の考え方に従って、有効とする。福島正則はこの立場です。

一方、「議論の前提が覆ったからには、ご破算にして考え直すべきだ」という合理的な考え方も成り立ちます。多くの武将はこちらでしたが、結局、彼らはどうしていいかわかりませんでした。

「なぜ、小山評定に関する諸大名の一次史料が存在しないか」という理由は、そこから見えてきます。

つまり、逆転した状況下で、小山評定の誓約をどう扱ったらいいかの判断ができず、多くの大名が悩んでいた。浅野幸長の場合は、たまたま状況が変わる前に大関へ返信したので残ったものの、その後は国もとに手紙を書こうにも、書けなかった。自分自身のスタンスも含めて、全体が混迷状況に陥ってしまって見極めがつかなくなってしまった。それが、一次史料がほとんど残らなかった一番大きな理由だと私は考えています。

❖関ケ原が決戦場となった理由は？　本当の決戦地は？

関ケ原が決戦場となった背景については、「家康が美濃《みの》の赤坂に入って東軍の武将たちと合流したあと、大垣城《おおがき》にいる石田三成を関ケ原へおびき出すために、佐和山城を攻撃するとの噂を流した」という説があります。これも徳富蘇峰の『近世日本国民史』がおおもととなっています。

この説では、家康が関ケ原を決戦場に選んだことになりますが、本当なのでしょうか。

三成方が大垣城を出発したのは、合戦前日の慶長五年（一六〇〇）九月十四日の午後八時ごろ。家康方がそれを察知したのは十五日の午前零時以降で、就寝していた家康が報せを受けて床《とこ》から起き上がり、全軍に出陣を指示したといわれます。

徳川方が大垣城の三成方をおびき出す作戦ならば、物見《ものみ》を置いて監視し、三成方が動いたら直ちに出陣しなければいけません。

仮に西軍が偽装工作をしたところで、数万の軍隊が動けば隠しようがなく、それを把握できなかったのは、監視していなかったことを示しています。

また徳川軍は、家康率いる部隊よりも、息子の徳川秀忠率いる部隊のほうが主力です。徳川譜代《ふだい》の主要武将の多くが秀忠軍に配属されており、家康にすれば、秀忠軍の到着まで戦闘を遅らせたいはずで、大垣城を水攻めなどして時間を稼ごうとしたのではないかと私は考えています。

こうしたことから、三成方が大垣城から関ケ原に移動したのは、自発的な行動だったというのが実情だろうと思います。

では、三成方はなぜ陣替をしたのか。吉川広家の文書に、「二重引き」という言葉が出て来ます。二重引きとは、一段目が関ケ原、特に大谷吉継のいる山中《やまなか》村を目指して引き、二段目は三成居城の佐和山まで撤退するということです。

つまり、いったん関ケ原に引いて、山中村の大谷軍と合流し、それから佐和山に引いて、佐和山城で徳川を迎え撃つという作戦だったと、吉川広家は見ていますが、あり得ることだと思います。

大谷吉継と合流した後、三成方は大軍勢を背景に、すでに東軍への内通が疑われていた松《まつ》尾山《おやま》の小早川秀秋に対して、圧力をかけます。その上で、大谷吉継が秀秋を詰問しようと松尾山に赴きましたが、秀秋は病と称して応じませんでした。

そこに、東軍が迫ってきているという情報が入り、三成方は距離がある佐和山まで引くのをあきらめ、関ケ原の中央に陣を構えて、東軍を迎撃する形に変わったのでしょう。

なお、「東西両軍は山中で戦い、関ケ原合戦はなかった」という説があります。この説でいう「山中」は、関ケ原の西方で、大谷吉継が布陣した「山中村」のことです。

家康の旗本として関ケ原合戦に参加し、後に大垣藩主となる戸田氏鉄《とだうじかね》が記した『戸田左門《さもん》覚書《おぼえがき》』に、「三成は山中の自害岳《じがいがたけ》に布陣した。兵士たちは名前が縁起が悪いので嫌がった」と書かれています。しかし同地は狭隘《きょうあい》な場所で、大軍同士がぶつかれるようなところではありません。

また、家康自身も書状に「山中において合戦」と書いており、これを「山中村」と解釈する向きがあるのですが、家康の陣所の桃配山《ももくばりやま》は関ケ原の一番東で、合戦後半でようやく関ケ原中央まで進出します。地名の山中村にはまったく行っていません。家康のいった「山中」

は地名ではなく、「山あいの場所」という意味と捉えるべきでしょう。

赤坂の陣所から垂井宿《たるい》をすぎて中山道を西へ進むと、四方を山で包まれた関ケ原がありま す。だから、「山中」なのです。

「山中村」では狭く、そこで大軍が戦うのは無理です。決戦地も両軍の布陣も、私は通説に近い形だったと考えています。

❖合戦は早期に終結したのか？「問い鉄砲」はなかったのか？

関ケ原合戦は、午前八時頃に始まったとするのが通説です。これに対し、午前十時頃に始まり、短時間で終わったとする説があります。

根拠とされるひとつは、徳川家康の家臣である石川康通《やすみち》らが書いた一次史料に「巳《み》の刻に（家康が）出馬」とあることです。つまり、午前十時頃に家康が出陣したというのです。

これは家康が最初に布陣した桃配山から関ケ原中央へ進出した時刻と解釈するのが妥当でしょう。家康と二万余の徳川軍は、開戦当初、前線から二キロ引いた地点で形勢を観望していたのです。家康に同盟して東軍として戦っている豊臣系武将たちですが、いつ状況次第で裏切りを仕掛けてくるやも知れず、それで関ケ原中央への深入りができなかったのです。しかし十時頃になって、家康は中央への進撃を決意したということでしょう。

また、一次史料である吉川広家の書状に三成方を「即座に乗り崩す」という言葉が出てきます。これも戦闘がすぐに終わったことの根拠とされますが、「即座に乗り崩す」とは「手もなく相手を片づけた」という慣用句です。

織田信長は長篠《ながしの》の合戦で勝利した後、細川藤孝《ふじたか》にあてた手紙に「即座に乗り崩し」と書いています。しかし、長篠合戦は午前六時から午後二時まで八時間かかりました。それでも「即座に乗り崩し」たといっているのです。

キリスト教宣教師の記録にも、「あっという間に」という言葉が出てきます。とはいえ、彼らは関ケ原合戦を実際に見たわけではなく、伝聞した「即座に」を直訳したと考えられます。

キリスト教宣教師の記録は同時期に書かれているため、一次史料として扱われますが、関ケ原合戦に関しては伝聞であり、準一次史料として扱うのが適切だと思います。それが伝聞情報にもとづくものであるなら公家の書状や日記も、あくまで準一次史料として扱われねばなりません。

それから、合戦が始まっても小早川秀秋が松尾山から下りてこないので、家康なり、家康の意向を受けた福島正則なりが鉄砲隊を出し、「松尾山に向けてつるべ撃ちした」と、従来はいわれてきました。

いわゆる「問《と》い鉄砲」で、近年これに関連して、「開戦と同時に小早川軍は裏切り、問い鉄砲もなかった」とする説が出されています。

しかし、小早川の裏切りについては、それを仲介した黒田長政の家の『黒田家譜《かふ》』に、小早川が逡巡して黒田の調略が不首尾に推移する様が克明に記されています。黒田家にとっては落ち度ともいえることで、小早川がすぐに裏切っていたなら、黒田の側はそんなことは書く必要もないでしょう。

また問い鉄砲ですが、戦場でつるべ撃ちなどしたら、相手は逆上して、撃ったほうに襲い掛かってこないとも限りません。そんな危険なことはできないはずです。

ただ、二次史料ではありますが、『備前老人物語』に次のようなことが見えます。すなわち「松尾山の麓のほうで鉄砲の音がしたので、秀秋から調査してこいと命じられた家臣が下山したところ、下から登ってきた徳川方の鉄砲大将と出会い、『これは誤射でありご懸念無用』といわれた。しかし、秀秋の家臣は主君の命令を忠実に守って、麓にいって調査したところ、単なる誤射ではなく、訳ありのようであった」との旨が記されているのです。

『備前老人物語』は一次史料ではないので、これはあくまで私の心証にとどまりますが、家康が誤射という形をよそおいつつ無言の圧力をかけたというのが、「問い鉄砲」の実相であったのではないかと思っています。

しかし後日になると、「家康が脅しの鉄砲を撃たせたことに秀秋が驚いて下山した」という話が一人歩きし、講談調となって、「鉄砲をつるべ撃ちした」といったような話へとつくり変えられていったのではないでしょうか。

＊　＊　＊

様々な論点を取り上げてきましたが、最後に、関ケ原合戦の歴史的意味について、少しだけ触れておきましょう。

豊臣政権の構造的矛盾から関ケ原合戦における東軍と西軍ができあがったことは前述しましたが、合戦の結果が、豊臣政権の後に始まった幕藩体制の地政学的構造に影響を及ぼしたことは間違いありません。その意味で、戦後政治体制のあり方、および幕藩体制の二百六十年余にわたる歴史を理解する上で重要な意義を有しているのです。

家康を「天下人」へと押し上げた5つのターニングポイント

黒田基樹
Kuroda Motoki

羽柴（豊臣）秀吉死後、徳川家康はなぜ、様々な政局を乗り越え、「天下人」となれたのか。特に重要といえる5つのターニングポイントをあげ、家康が新たな武家政権を樹立できた要因を探る。

❖「天下の家老」から「天下の主人」へ

慶長三年（一五九八）の「天下人」羽柴《はしば》（豊臣）秀吉の死後、徳川家康は、羽柴（豊臣）政権の執政《しっせい》体制である「五大老・五奉行」の筆頭に位置した。

しかしその立場は、あくまでも「天下の家老」の立場にすぎず、「天下の主人」になったわけではなかった。だが秀吉死後の政局の展開を通じて、家康は自らが「天下の主人」となる途《みち》を歩んでいくことになる。

そしてそれを決定的にしたのが、慶長五年（一六〇〇）の関ケ原合戦での勝利であった。家康はその勝利によって、「天下人」の立場を確立し、自らを主宰者とする新たな武家政権の樹立を可能にしたのである。

家康は、秀吉死後から、その関ケ原合戦での勝利までの政治過程を通じて、「天下人」への階段を段階的に登っていくことになるのだが、そこにはいくつかターニングポイントとなる事柄があった。

近年、秀吉死後から関ケ原合戦までの政局については、かなり解明がすすめられてきた。ターニングポイントとなる事柄について、詳しくみていけばそれこそいくつもあげることができる。そうしたなかでここでは、私が特に重要だと思う五つについて、取り上げてみたいと思う。

❖［ターニングポイント1］七将襲撃事件の処理

まず一つ目は、慶長四年（一五九九）閏三月四日におきた、福島正則・加藤清正・長岡（細川）忠興ら羽柴家譜代《ふだい》大名を中心にした七将《しちしょう》（十将とする記録もある）による、五奉行の一人・石田三成襲撃事件に対する処理である。

すでにこの年の正月から、家康と他の大老・奉行との政治対立が生じていたが、ここにきて羽柴家譜代における内部対立が顕在化したのである。きっかけは事件前日の大老・前田利《とし》家《いえ》の死去であった。福島らはそれをうけて、政治対立していた石田三成を、武力によって排除しようとしたのである。

しかし襲撃は成功せず、秀吉後室《こうしつ》筆頭の北政所《きたのまんどころ》・木下寧々《きのしたねね》の仲裁により、五大老筆頭の家康が紛争処理にあたった。その際に家康は、他の大老の毛利輝元・上杉景勝と協調するかたちで処理をすすめた。その過程で家康は、輝元・景勝に対して政治的主導権を確立することに成功した。

紛争処理にあたり、家康は輝元と起請文《きしょうもん》を交換して政治的連携を誓約しあった。家康は輝元を弟として扱い、輝元は家康を父として扱うというもので、家康の主導性は明らかであった。景勝については、家康の子どもを、まだ嫡男のいなかった景勝の養嗣子《ようしし》とすることを取り決めている。

そして襲撃対象となった石田三成は、奉行職を解任され、領国の近江佐和山《おうみさわやま》領に隠遁《いんとん》することとなった。そのうえで閏三月十三日、家康は「天下の政庁《せいちょう》」であった伏見《ふしみ》城の西の丸に入城した。

これについて世間は、家康が「天下殿」になったと評価した。実態はまだ「天下の家老」の立場でしかなかったが、他の大老に対して政治的主導権を確立したことによって、家康は、羽柴政権における政務担当の地位を獲得し、それをもとに伏見城に入城したのであった。

❖「ターニングポイント2」大坂城西の丸への入城

二つ目は、慶長四年九月の大坂城西の丸への入城と、それによる事実上のクーデターの実現である。

秀吉の死去をうけて、羽柴家の本拠は大坂城に定められ、当主の羽柴秀頼《ひでより》、北政所・木下寧々や、秀吉後室の一人で秀頼生母の浅井茶々《あざいちゃちゃ》らは同城に居住した。本丸《ほんまる》には、当主秀頼とその生母茶々が居住し、西の丸に木下寧々が居住していた。

七将襲撃事件の処理後も、羽柴家譜代大名における内部対立は継続しており、加藤清正らは、石田三成の他にも増田長盛の処罰を求め、それをしなかった家康への不満を強めていた。そのなかで家康暗殺計画があったことが露見した。暗殺計画の真偽などの実態はいまだ解明途上といえるが、それへの対処として、家康は、伏見城から大坂城西の丸に居所を移したのである。

その際、北政所・木下寧々は、西の丸から京都新城《しんじょう》に移住した。京都新城は、秀吉の晩年に、聚楽第《じゅらくてい》に代わる京都における羽柴家の本拠として構築されたものであった。家康が伏見から大坂に入るにともなって、北政所はそれと入れ替わって京都に居住することになったといえ、政権内での役割分担にともなうものと考えられる。

家康は西の丸に入城すると、秀頼のためとして、秀吉が晩年に制定していた「御置目《おんおきめ》」「御掟《おんおきて》」や遺言を刷新し、新たに「御置目」「法度《はっと》」を制定した。いわば秀吉の制定した規定を反故にして、新たな政務規定を制定したのである。家康はそれにもとづいて、秀頼の後見人として天下統治をおこなうようになった。その立場は、執政にあたるもので、これは事実上のクーデターとみなされる。

そこでは秀吉制定の「御置目」「御掟」と遺言で禁止されていた、諸大名との婚姻、起請文交換、諸大名への所領充行《あてがい》、紛争処理などがおこなわれた。まさに家康主導による政務が展開されたのである。

ただし家康は、全くの独断で政務をおこなったわけでもなかった。それらは、前田玄以・増田長盛・長束正家の三奉行によって遂行されたから、まぎれもなく羽柴家の政務としておこなわれたものになる。こうして家康は、羽柴家の執政として、実質的な「天下人」として、独自の政務を開始していったのである。

❖［ターニングポイント3］前田利長の従属

三つ目は、大老・前田利長を政治的に従属させたことである。

家康の大坂城西の丸への入城のきっかけとなった、家康暗殺計画において、関与の嫌疑をうけたのが、前田利長と、その与党勢力と目された加藤清正・長岡忠興、五奉行の一人・浅野長政《ながまさ》、秀頼側近筆頭の大野治長《はるなが》らであった。家康の西の丸入城にともなって、浅野長政は奉行から引退のうえ領国の甲斐に隠遁、大野治長は関東に配流《はいる》されていた。

家康はさらに、前田利長・加藤清正・長岡忠興を政治的に屈服させることをはかった。一般的には、家康は前田利長を追討する「加賀征伐」を企てた、とされてきたが、実際にはそれはなかったようである。ただし当時の世間は、そのように取り沙汰した。

家康は、前田利長らとの和解をすすめていき、慶長五年までにそれを果たしている。注目すべきは、前田利長・長岡忠興が、家康に人質を提出していることである。

利長とのあいだでは、当初、家康五男の武田信吉《のぶよし》を利長の養嗣子にする案も検討された。だが、結局、慶長五年五月に、利家後室で利長母の芳春院《ほうしゅんいん》を、家康への人質として、家康本拠の江戸に下向《げこう》させることになった。これにより前田家は、家康に従属する存在となる。

それだけでなく、家康は、前田家から羽柴家に出していた人質を回収させている。利長妻の玉泉院殿《ぎょくせんいんでん》（織田信長の娘）と、利長弟でその後継者の地位にあった利政（母は芳春院）を、大坂から加賀に帰国させたのだ。

利長妻は前田家から羽柴家への人質であり、利政は秀頼の近臣として勤仕していた。彼らが帰国したということは、前田家は羽柴家に奉公する関係でなくなったことを意味した。ただし利政の妻（蒲生氏郷《がもううじさと》の娘）は大坂に残されたので、その後、利政は家康に、妻の帰国の斡旋を依頼している。

ここに家康は、大老・前田利長を事実上、従属させたのである。利長は、利家死去をうけて家督を継承し、大老に就任したものの、家督相続にともなう対応のため、家康が大坂城西の丸に入城する前月に、領国の加賀に帰国していた。そうしたなかで家康と政治対立することになり、その結果として、家康に従属することになったのだ。

家康が、大老の一人を従属させたことの意味は大きい。家康は、羽柴家の執政という立場ながら、実質的に諸大名を私的に統制していく立場をとっていったのである。

❖［ターニングポイント4］小山評定

四つ目は、家康による「会津《あいづ》征伐」のなかでおきた小山評定《おやまひょうじょう》である。近年、小山評定については、その有無をめぐって議論されているが、残されている史料を見る限り、通説の通り存在していたと考えられる。

「会津征伐」は、慶長五年四月から、家康が在国していた大老・上杉景勝に上洛を要求したのに対して、景勝が拒否したため、家康が、羽柴家への謀叛の嫌疑をかけてそれを討伐しようとし、すべての大名に軍事動員をかけたものだ。家康は諸大名に出陣を命じると、六月十六日に大坂城から伏見城に移り、同月十八日に会津に向けて出陣した。

ところが七月十二日、元奉行の石田三成と羽柴家譜代重臣の大谷吉継が、家康討伐のために蜂起し、これに大老の毛利輝元・宇喜多秀家と三奉行が呼応して、毛利輝元が総帥となり、家康が在所していた大坂城西の丸に入城した。輝元らによるクーデターであった。

これにより家康は、大坂城を占拠した輝元を筆頭とする大坂方と対峙することになった。輝元らは、秀頼の名を掲げて家康を弾劾したが、秀頼・茶々、そして木下寧々は、態度を鮮明にはしなかった。そこに家康方の対抗の余地が残った。

輝元らのクーデターを知った家康は、七月二十五日、在陣していた下野《しもつけ》小山に、従軍していた諸大名を招集し、そのまま「会津征伐」を継続するか、反転して大坂方と対戦するかの是非を問い、諸大名の了解を得て、大坂方と対戦することを決した。これがいわゆる小山評定である。

しかも東海道筋に存在した諸大名の本拠は、彼らから提供をうけるかたちで、家康が管轄することになった。大坂方との対戦は、羽柴政権を二分したものになり、ここで家康は、従軍する諸大名に対して、事実上の軍事指揮権を獲得したのである。

❖［ターニングポイント5］小早川秀秋の調略

最後の五つ目は、関ケ原合戦前日における小早川秀秋の調略の成功である。

小早川秀秋は、領国の筑前《ちくぜん》からの軍勢の上洛に手間取ったため、大坂方に味方することになった。しかし早くから、家康方の浅野幸長・黒田長政から、味方になるよう誘いをうけていた。八月二十八日にも、両者から二度目の誘いがあった。そのなかで浅野・黒田は、北政所・木下寧々に引き続いて奔走していて、秀秋への働きかけはその一環にあたることを述べている。寧々の真意がどこにあったのかは判明していないが、浅野・黒田は、さも寧々の意向をうけて家康に尽力している体《てい》をとっていた。

これをうけて秀秋は、家康に味方することにしたらしく、家康に相次いで使者を送った。その使者は、九月三日と八日に、それぞれ家康が在所した相模《さがみ》小田原と遠江《とおとうみ》白須賀《しらすか》に到着している（「慶長記」）。派遣内容は判明しないが、家康に従属することの申し出、そのための条件交渉であったと考えられる。

九月十二日、秀秋は北陸方面への進軍から転じて、美濃《みの》に入り、関ケ原近所の松尾山《まつおやま》に在陣した。北陸方面への軍勢は、大谷吉継を主将としていたが、主力は秀秋の軍勢であった。そして十四日、秀秋家老の平岡頼勝《よりかつ》・稲葉正成《まさなり》と家康家老の本多忠勝・井伊直政とのあいだで、起請文交換がおこなわれて、秀秋は家康方に味方することを確定した。

こうして家康は、浅野幸長・黒田長政の尽力によって、羽柴家で唯一の一門衆にして、関ケ原近辺で大軍を率いていた秀秋を、寝返らせたのである。

同日、石田三成は秀秋の離叛を知り、その近所に在陣していた大谷吉継が危険にさらされるということで、大谷救出のために、大垣《おおがき》城を出て関ケ原に進軍し、秀秋への備えをとることになる。それを家康方が追撃して、翌十五日、関ケ原で両軍は激突する。両軍が関ケ原で衝突したのは、この秀秋離叛の露見が原因であった。

石田三成、毛利輝元……西軍を主導した男たちの思惑

Mitsunari Junji
光成準治

豊臣秀吉の死後、どのような過程を経て、反徳川派が形成されていったのか。そして、後に西軍を主導することとなる石田三成と毛利輝元は、いかなる思惑をもっていたのか。つぶさに見ていくと、両者の同床異夢が鮮明となる——。

❖秀吉の死と反徳川派の胎動

慶長三年（一五九八）八月十八日、豊臣秀吉が死没した。秀吉が自らの死没後における豊臣政権の中枢的機構として定めたいわゆる五大老・五奉行のうち、五奉行の一人浅野長政はこの年七月に家康へ秀吉の体調を伝えるなど（『浅野家文書』）、秀吉死没以前から家康への接近を図っていた。しかし、そのほかの四奉行は幼主秀頼《ひでより》（秀吉の子）に代わって家康が実権を握ろうとすることを警戒した。とりわけ、石田三成は家康の突出を抑えるために、徳川氏に次ぐ規模の大名毛利氏の取り込みを図った。増田長盛（五奉行の一人）とともに毛利氏の取次役を務めており、毛利氏当主毛利輝元と極めて親密な関係にあった。

秀吉死没から十日後の八月二十八日付けで作成された毛利輝元起請文《きしょうもん》（『毛利家文書』）は、輝元が浅野長政を除く四奉行に宛てて、秀頼への奉公を誓ったものであるが、当初の文言を石田三成が加筆・修正したとされる。

当初の文言は「秀頼様の取り立てられた衆と心を合わせ、表裏なく秀頼様へご奉公いたします。太閤《たいこう》様のご遺言もこれ以後忘れることはありません」となっていた。

だが、加筆・修正後には「もし今度定められた五人の奉行（ここでは五大老を指す）の内、秀頼様への謀叛ではなくても、増田長盛・石田三成・前田玄以・長束正家の意見に同意しない者があれば、私（輝元）は長盛・三成・玄以・正家に同意して、秀頼様へ奉公する」となり、四奉行と輝元との連携が明記された。

また、敵対する可能性のある者として、輝元以外の大老を挙げているが、実質的には家康を指すと考えられる（津野倫明《つのともあき》「豊臣～徳川移行期における「取次」―公儀《こうぎ》―毛利間を中心に―」〈『日本歴史』六三四〉、堀越祐一『豊臣政権の権力構造』吉川弘文館）。

実際に、秀吉死没直後、毛利氏は不測の事態に備えて上方《かみがた》方面に兵力を集結させようとした。その理由として、「秀吉がご存命中に厳しくおっしゃっていた事に家康が違反したため、五人の奉行と家康との関係が悪化した」ことが挙げられている（『萩藩閥閲録《はぎはんばつえつろく》』）。

このような軍事的緊張状態は九月三日、「五大老」・「五奉行」が再び起請文を取り交わし一旦沈静化した。この起請文では、五大老・五奉行による諸大名に対する多数派工作が禁じられたが、実質的には家康に対する牽制を意図したものと考えられる。

❖家康の私婚問題

九月の起請文交換後、家康は反徳川派の分断を図ろうとした。十月に後陽成《ごようぜい》天皇が退位の意向を示し、弟の八条宮智仁親王《はちじょうのみやとしひと》を後継に指名した際には、家康が後陽成天皇の意向に従う意見であった。

それに対して、玄以・長盛・正家の三奉行と利家《としいえ》は、後陽成の子良仁《かたひと》親王への譲位を主張した。これにより家康と利家の対立、利家と奉行衆との連携がみられるようになったが、輝元は家康と意見交換している（橋本政宣『近世公家社会の研究』吉川弘文館、跡部信『豊臣政権の権力構造と天皇』戎光祥出版）。

また、増田長盛も家康への接近を図っている（石畑匡基《こくはたまさき》「増田長盛と豊臣の「公儀」―秀吉死後の権力闘争―」〈谷口央《ひさし》編『関ヶ原合戦の深層』高志書院〉）。

ところが、家康が無断で伊達政宗らと姻戚関係を結ぼうとした私婚問題の発生により、家康を除く四大老と五奉行は一致して、慶長四年（一五九九）一月十九日、家康への詰問の使者を送ることとなった。最終的にこの問題は、二月十二日に家康と他の四大老・五奉行が起請文を交換することで決着した。

　三月に入ると十一日に家康は大坂に赴き、病床の利家を見舞うなど、家康と利家の関係も改善に向かい、親徳川派と反徳川派の反目《はんもく》も一旦沈静化したが、前田利家が閏三月三日に死没すると、事態は急展開した。

❖石田三成の失脚

　利家の死没直後、長岡（細川）忠興・蜂須賀《はちすか》一茂《かずしげ》（家政《いえまさ》）・福島正則・藤堂高虎・黒田長政・加藤清正・浅野幸長のいわゆる七将《しちしょう》が、石田三成の排斥を図るという事件が勃発した。

　この事件については、七将に襲撃された三成が伏見《ふしみ》の家康邸に逃げ込んだが、家康は三成を助けることで将来的に三成を挙兵させ、それによって反徳川勢力を一掃しようとしたという見解が信じられてきた。

　しかし、実際には三成は伏見の自邸、おそらく伏見城内の「治部少丸《じぶしょうまる》」と呼ばれる曲輪《くるわ》に入ったという新説が近年提起された（笠谷和比古『関ケ原合戦と大坂の陣』吉川弘文館）。

　また、自邸に入った三成の家康に対する作戦については、輝元が一門の毛利元康《もとやす》に宛てた書状（「厚狭《あさ》毛利家文書」）から判明する。

三成は輝元に尼崎《あまがさき》方面に陣を構えるよう要請しており、増田長盛らが大坂城の豊臣秀頼を奉じて、大坂の喉元《のどもと》を押さえる交通の要衝尼崎に陣を張った輝元とともに西日本の諸大名を結集、伏見城内の三成と協力して徳川派を挟撃《きょうげき》する、という反徳川闘争決起を企てていた。

ところが、大坂城はすでに徳川派により占領されており、反徳川派は城内に入ることができない状態になっていた。

その結果、輝元と並んで三成が反徳川派の中核として期待していた上杉景勝も、家康との縁戚関係を約して家康に接近するなど、反徳川派は圧倒的に不利な状況に追い込まれた。

増田長盛も排斥の対象となることが予想され、三成は長盛とともに、反徳川闘争遂行の最終判断や自らの処分に関する家康との調整を輝元と景勝に一任した。

最終的に、三成一人が奉行職を退き、居城佐和山《さわやま》（滋賀県彦根市《ひこねし》）へ隠居することによってこの事件は解決した。閏三月二十一日、輝元と家康は起請文を交換するが、その中で家康は輝元を兄弟、輝元は家康を親子と称し、表面的には輝元も家康に屈服した形となった。

もっとも、輝元と三成との関係は安国寺恵瓊《あんこくじえけい》を介して三成失脚後も続いていた。また、輝元と景勝の関係もこの事件の解決に向けて二人で調整を図る中で、強く結び付いたと考えられる。

反徳川闘争計画は表面的には挫折に追い込まれたが、水面下で毛利・上杉・三成の三者は関係を保ち、再決起の時期を密かに探っていた可能性を指摘できる。

❖会津征討の実相

石田三成失脚の際、表面的には家康への接近を図っていた上杉景勝は、同年八月、前年に移封《いほう》されていた会津《あいづ》へ帰国した。帰国した景勝に対して家康は九月、十月、十一月に、徳川秀忠も八月に書状を送り、上杉氏との友好関係を保とうとしていた。

ところが、慶長五年（一六〇〇）に入ると、家康が主導して発した上洛命令を景勝が拒否したことによって、家康は上杉氏討伐の大義名分を得た（矢部健太郎『関ヶ原合戦と石田三成』吉川弘文館）。景勝が上洛命令を拒否した理由について、三成との密約に基づき、徳川勢や親徳川勢力を上方から離れさせて、三成に挙兵の機会を与えるためとする理解もかつては有力であった。

しかし、六月十日付け景勝書状（「越後文書宝翰《ほうかん》集」）によると、景勝は移封に伴う家中の疲弊と領国整備を理由に上洛の延期を申し入れたが、逆に謀叛の疑いありとみなされたため、一旦上洛を決意したとある。ところが、上洛に当たっての条件として、謀叛の疑いありと讒《ざん》言《げん》した者（越後堀氏《えちごほり》）の糺明《きゆうめい》を要求したところ、無条件、かつ、日限を定めて上洛を命じられた結果、交渉が決裂したという。

つまり、家康も和戦両様の構えで交渉していたのであり（阿部哲人「関ヶ原合戦と奥羽の諸大名」〈高橋充編『東北近世の胎動』吉川弘文館〉）、上杉氏が屈服すれば赦免《しやめん》する選択肢もあった。

もっとも、家康は前年に前田利長（利家の子）を屈服させて、豊臣公儀の意思決定権を実質的にほぼ独占することに成功しており、上杉氏討伐に諸大名を動員して、自らがその討伐軍の指揮をとることによって、豊臣公儀の軍事的統率権も掌握する絶好の機会でもあった。

そこで、景勝に厳しい条件を突きつけて、完全服従か、対決かを迫ったため、景勝は上洛を拒否せざるをえなくなったと考えられる。

❖三成の挙兵と輝元の参画

景勝上洛問題の当初から、上杉氏と三成とが連携して、家康を誘い出したとは考え難い。

一方で、三成を挙兵させて、反家康勢力を一掃するために、家康が故意に上方から離れたとする見解も否定される。家康は徳川政権への移行の障害になる勢力を、個別に除去していこうとしたのである。三成は引退後、家康に協力的な姿勢をみせており（水野伍貴《ともき》『秀吉死後の権力闘争と関ヶ原前夜』日本史史料研究会）、家康は留守中の上方における謀叛を想定していなかった。ところが、六月十六日に大坂を発《た》った家康が容易に上方まで引き返せない距離に達するのを待ち構えたかのように、三成・大谷吉継・安国寺恵瓊の三者は佐和山において密会し、反徳川闘争決起を企てた。

毛利氏の参画に関する従来の通説では、この企ては輝元の承認を得ずに恵瓊が独断で行なったとされてきた。

しかし、七月十二日付けで豊臣三奉行が上坂要請連署状《じょうはんようせいれんしょじょう》を発すると、十五日に受け取った輝元は即時に上坂を決断して、通常では考えられない高速航行で大坂に到達した。また、大坂に居た輝元の従兄弟毛利秀元《ひでもと》が十七日には大坂城西の丸を預かっていた家康の留守居《るすい》を追い出して、西の丸を占拠している。それらから推測すると、輝元は上坂要請以前から反徳川闘争計画に直接関与していたと考えられる。

この計画がいつから練られたものなのか、誰が首謀者なのかを確定することは難しい。だが、前年の三成の失脚によって輝元は一旦家康への融和姿勢に転じたものの、前田利長の屈服、上杉氏への不当な圧力を目にして、近い将来、次の標的が毛利氏であることを認識し、決起に踏み切ったと考えられる。

❖輝元の思惑

大坂入城後、輝元は大坂の親徳川派を一掃した。その際、蜂須賀一茂は親徳川的行動を咎《とが》められ、剃髪《ていはつ》させられて高野山《こうやさん》へ追放された。一方、蜂須賀氏の所領阿波《あわ》国には多くの兵力が残されていたため、毛利勢が阿波へ渡海して、蜂須賀氏の居城徳島城を占領した。

続いて輝元は、会津征討に従った伊予《いよ》の大名松前《まさき》城主加藤茂勝（嘉明）と板島《いたじま》城主藤堂高虎の所領を占領すべく調略を行ない、藤堂領については一部成功したが、加藤領については失敗したため、兵を渡海させた。

その際、渡海した毛利氏家臣から「加藤茂勝が家康に同

❶三奉行が発した上坂要請連署状を受け取り、大坂に入城
大坂城
❷親徳川派の蜂須賀一茂を高野山に追放し、徳島城を占領

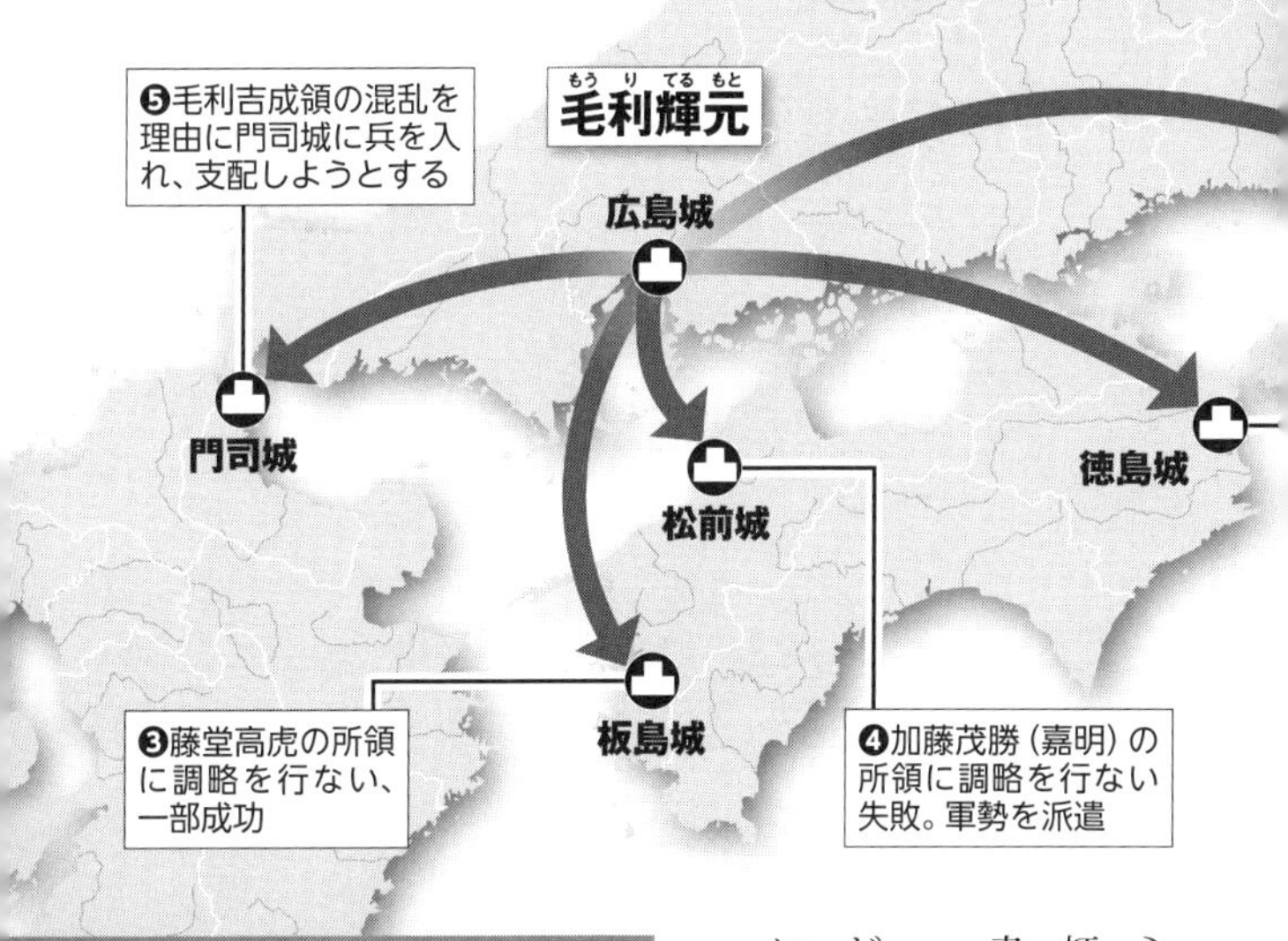
毛利《もうり》輝元《てるもと》
❺毛利吉成領の混乱を理由に門司城に兵を入れ、支配しようとする
広島城
門司城
松前城
徳島城
板島城
❸藤堂高虎の所領に調略を行ない、一部成功
❹加藤茂勝（嘉明）の所領に調略を行ない失敗。軍勢を派遣

反徳川闘争参画後の毛利輝元の動き

心したことはけしからぬ事であるため、豊臣秀頼様が毛利勢の派遣を命じられました」という書状が発せられている（村上海賊ミュージアム蔵）。

秀頼の命令＝公戦であることを強調しているが、この後の一連の軍事行動も含め、伊予進攻に豊臣三奉行が関与した形跡は確認できない。

さらに輝元は、西軍に荷担した豊前《ぶぜん》小倉《こくら》城主毛利吉成《よしなり》領について、豊前毛利勢が伏見城攻撃の際に大きな損害を蒙《こうむ》り、家中が混乱していることを理由に、門司《もじ》城（北九州市）に輝元勢を入れたのみならず、門司の町全体を支配下に収めようとした。

このように、輝元は四国から北

部九州に至る広範囲で自領を拡大しようとしている。その行動の背景には、関白《かんぱく》豊臣秀次《ひでつぐ》が失脚した文禄《ぶんろく》四年（一五九五）、秀吉が「大坂より西については、輝元と（小早川）隆景《たかかげ》（慶長二年に死没）に申し付ける」（『毛利家文書』）としていたことがあった。

この秀吉の言葉を根拠に、輝元は西国《さいごく》方面の大名に対して西軍参加を呼びかけ、それに従わない大名には懲罰権の発動として軍事侵略を企図したのである。

豊臣奉行衆とともに表面的には豊臣政権を支える姿勢を見せながら、輝元は秀吉の発した海賊停止令《かいぞくちょうじれい》によって失った瀬戸内海制海権を奪い返そうとしていたのである。一方、輝元の反徳川闘争参画後に、家康は輝元に書状を発している。その内容や輝元の対応は不明であるが、関ケ原における戦闘前日に成立した吉川広家（輝元従兄弟）らによる家康との不戦協定を輝元は黙認していたと推定される。つまり、自己の権益拡大を優先する輝元にとって、家康打倒は二の次であったのだ。

その点で家康打倒に執念を燃やしていた三成とは同床異夢《どうしょういむ》であり、そのような首脳部の思惑の相違が西軍を敗北に導いたといえよう。

一貫した東軍ではなかった？ 加藤清正と鍋島直茂の真意

光成準治
Mitsunari Junji

関ケ原合戦で「東軍」に分類される大名であっても、当時の史料を丹念に見ていくと、そうとは言い切れない事例がある。それが、加藤清正と鍋島直茂だ。二人は一貫して「親徳川家康派」とされてきたが、史料から見えてくる実情とは——。

❖清正はなぜ会津征討に参加しなかったのか

肥後《ひご》熊本城主・加藤清正は、西軍挙兵の首謀者・石田三成と犬猿の仲で、徳川家康とは親密な関係にあったため、当初から東軍に荷担していた、とされてきた。

清正が家康の率いる会津《あいづ》征討に参加せず、在国していた点について、宝暦《ほうれき》四年（一七五四）に熊本藩・松井家家臣の黒木貞中がまとめた『清正勲績考《くんせきこう》』では、家康から「帝都（京都）の守備を任せて、伏見《ふしみ》城の在番《ざいばん》を頼もうと思ったが、西国《さいごく》大名がすべて敵となれば、九州がとくに心もとない。そこで、急いで肥後へ帰国して、九州を平穏に保つことをぜひともお願いしたい」と依頼されたため、としている。

この叙述を裏付ける史料と考えられてきたのが、①慶長五年（一六〇〇）五月十七日付け島津忠恒《ただつね》宛《あて》島津義弘書状（東京大学史料編纂所蔵「島津家文書」）、②同年七月二十一日付け黒田如水《じょすい》宛加藤清正書状（福岡市博物館蔵「田中家文書」）である。

①には「加藤清正殿はこのたび会津征討に参加することを希望されたが、家康の留守中は在国を命じられたとのことだ」とある。したがって、清正が家康とともに会津へ赴《おもむ》こうとし

たが認められなかったこと、家康から在国を命じられたことは事実と考えられる。

一方、清正自身が書いた②には「上方《かみがた》における三成らの決起の状況をお聞きし、理解しました。このようになるのではないかと考え、家康様へも私の意見を申し上げましたが同意されず、あげくのはてには立腹されて、私に対するご機嫌も数日間悪くなられていました」とある。したがって、②の書状は、この時点における清正と家康との関係が、必ずしも良好といえなかったことを示すものといえよう。

その前年（慶長四年）に島津領国内で伊集院忠真《いじゅういんただざね》の反乱（庄内《しょうない》の乱）が勃発した際、清正は家康の方針に反して、忠真との連携を図ろうとしたため、家康との間が冷え込んでいた（山田貴司「加藤清正論の現在地」シリーズ・織豊《しょくほう》大名の研究2『加藤清正』戎光祥出版）。

同年九月の家康と加賀前田利長との対立時には、家康から上洛を禁じられ、清正が強引に上洛しようとした際には、淡路において食い止めるように、という家康の指示が出されていた（山田貴司「関ヶ原合戦前後における加藤清正の動向」熊本県立美術館『生誕四五〇年記念展　加藤清正』）。

慶長五年二月になると、清正は大坂に滞在しており、上洛禁止は解除されている。しかし、家康の清正への不信感は解消されておらず、それが、会津征討時の家康の対応につながったと思われる。

❖迷う清正

西軍の総大将といわれる毛利輝元は、決起に向けての上洛に当たって、清正に上洛を呼びかけた（慶長五年七月十五日付け「松井文庫所蔵古文書」）。その後、八月半ばにも、西軍の使者として、豊前《ぶぜん》小倉《こくら》城主・毛利吉成《よしなり》が派遣されている（『黒田家文書』）。この時点においても、清正の荷担可能性は少なくないと、西軍首脳部は考えていたのだ。

一方、東軍に荷担した細川忠興の飛び地領・豊後《ぶんご》木付《きつき》（大分県杵築《きつき》市）に在番していた細川氏家臣・松井康之《やすゆき》らは、七月晦日《みそか》、清正について「家康のお味方と言っており、木付城に加勢するとのことである」と記している（「松井文庫所蔵古文書」）。清正の言を完全には信じていない様子がうかがえ、清正は東軍方からも疑いの目でみられていた。

松井らが疑いを持ったのは、七月二十七日付けで清正が松井らに発した書状（「松井文庫所蔵古文書」）の内容にあったと思われる。清正は松井らに細川氏の本国である丹後《たんご》への帰国を勧めたうえで、「そちらに兵力が少ないのであれば、こちらから、援軍を派遣します」と記している。表面的には、東軍に荷担した細川氏への協力表明であるが、結果的には、木付城を事実上乗っ取ろうとしていた。

清正にとって最終的な狙いは、自己の所領を拡大することだった。そのためには東軍に荷担すべきか、西軍に荷担すべきか、清正は迷い、情勢を見極めようとしていた。

明確な東軍であれば、当主・小西行長自身が上方にあって手薄な、隣接する小西領（居城は宇土《うと》）に進攻すべきである。だが、清正は当面動かなかった。このことも、清正の迷いを物語っている。

❖ようやく動いた清正

清正が出陣準備を始めたのは九月十三日である。決断の背景には、①西軍方の拠点の一つ岐阜城（岐阜市）陥落の情報が伝わったこと、②清正が連携を表明していた木付城へ、西軍に荷担して旧領回復を図る大友吉統《おおともよしむね》軍が進攻し、黒田如水がその救援に向かったこと、があったと思われる。

もっとも、②について、大友吉統の豊後上陸は九月八日。東軍荷担を早い時期に決断していたとすると、いつでも出陣できるように準備していたはずであり、豊後から肥後までの情報伝達速度を考えると、あまりに遅い出陣準備である。そのうえ、実際の出立は十五日で、十三日の石垣原《いしがきばる》の戦いには間に合わなかった。

つまり、東軍優勢の情報を得たことに加えて、如水が大友勢との戦闘に乗り出したことから、自らも乗り遅れまいと考え、急いで清正は決断したのであり、当初から東軍だったとはいえない。

結局、豊後においては何らの戦功もあげることができなかったため、清正は反転帰国して、小西領へ進攻した。十月十四〜十五日頃に宇土城、十七日に八代《やつしろ》城を開城させて、清正は小西領の制圧に成功した。

❖さらなる清正の野望とその挫折

肥後人吉《ひとよし》城主・相良頼房《さがらよりふさ》も西軍に荷担し、関ケ原における戦闘時には大垣《おおがき》城を守備していた。ところが、関ケ原における西軍の敗北後、東軍へ寝返り、ともに大垣城を守備していた垣見一直《かきみかずなお》・熊谷直盛《くまがいなおもり》・木村由信《よしのぶ》らを討ち取った。

そのため、家康は相良氏赦免《しやめん》の方針を示したが、清正はそれに従わず、相良氏の処罰を求めた（十月十一日付け清正書状・熊本県立美術館寄託）。十月十三日付け書状（熊本県立美術館寄託）では、「肥後・筑後《ちくご》二国を私が拝領《はいりょう》する」と記している。これらの書状から、相良領も含めた肥後国と、国内すべての大名が西軍に荷担した筑後国を、自領に組み込もうとする、清正の野望がうかがえる。

清正は小西領制圧後、すぐに筑後方面へ進攻し、立花親成（宗茂）の居城柳川《やながわ》城に迫った。ところが、十月二十四日、家康の方針に従って立花氏との講和が成立した。すると、清正は南へ目を転じて、相良氏を従属下に置いたうえで、島津領へ南下することを企てた。しかし、この企ても家康の意向によって、延期（のちに中止）させられた。

結局、相良氏は独立大名として所領安堵され、筑後国についても、清正に対する加増は皆無だった。清正の東軍荷担への遅れが、小西領のみの獲得という結果を招き、清正の所領拡大の野望は頓挫したのである。

❖佐賀藩記録にみる鍋島氏の動向

鍋島氏は肥前《ひぜん》国佐賀（佐賀市）を本拠とした戦国大名龍造寺《りゅうぞうじ》氏の有力家臣だったが、豊臣政権への服属後、鍋島直茂が龍造寺領国を総攬《そうらん》する体制となり、関ケ原合戦時には、直茂が事実上、龍造寺氏に代わる領国支配者となっていた。

十九世紀半ば頃に佐賀藩が編纂した「直茂公譜考補《ふこうほ》」や「勝茂《かつしげ》公譜考補」では、鍋島氏が西軍として行動した経緯について、次のように記している。

会津征討に直茂も参加を望んだが、九州が心配なので肥前へ下向《げこう》し、黒田如水や加藤清正と相談のうえ、九州を守備するように家康から依頼された。そこで直茂は、嫡子勝茂と名目上の当主龍造寺高房《たかふさ》を会津征討に参加させることとして、自らは肥前へ下向。ところが、家康から遅れて出発した勝茂らは、近江《おうみ》国愛知川《えちがわ》において、三成の兄石田正澄《まさずみ》によって進行を止められ、やむなく大坂へ引き返して西軍に荷担した。

その後、毛利勢などとともに伊勢安濃津《いせあのつ》城（三重県津市）を攻略し、さらに、東軍に荷担した伊勢国長島城主・福島正頼《まさより》（正則の弟）に備えるため、伊勢国野代《のしろ》（三重県桑名《くわな》市）に布陣した。その際、勝茂は徳川氏重臣・井伊直政へ通交しようとしたが、叶わなかった。また、関ケ原における戦闘の前日である九月十四日には、三成や宇喜多秀家から関ケ原への転戦を要請されたが、長島への備えが必要であるとして、拒否した。

❖鍋島氏はやむなく西軍に荷担したのか

右記のように「直茂公譜考補」と「勝茂公譜考補」では、鍋島直茂・勝茂は当初から家康に荷担するつもりだったが、やむなく西軍に荷担したとしている。だが、その記述内容を証する同時代史料は確認できない。

一方、在国していた直茂が八月十日付けで如水に宛てた書状（『佐賀県史料集成』所収「川崎氏所蔵文書」）には、「増田長盛・長束正家・安国寺恵瓊《あんこくじえけい》から急いで上洛するようにという書状が到来したのですが、今まで遅延してしまい、増田らが不審に思っていると聞いたので、上洛しなければならないと思い、今日こちらを出立したところ、勝茂に従い伏見城攻撃に参加した者が、伏見落城の様子を見てこちらへ下向し、今夜到着したので、上洛は延期しました」とある。

勝茂は西軍に荷担して伏見城（京都市）攻撃に参加しており、直茂もそれに加わる予定だった。

また、関ケ原における西軍の敗報が到達する以前の九月二十六日付けで、直茂が豊後毛利氏家臣・森則慶《もりのりよし》に発した書状（『佐賀県史料集成』所収「坊所《ぼうじょ》鍋島家文書」）には、「敵（如水・清正）が攻め寄せてきた際には、事前にお知らせいただければ、留守居《るすい》の者と相談して何とかします」とある。鍋島氏は近隣の西軍方に対して味方であると表明していた。もっとも、同書状において、高房・勝茂のほか親類衆など主だった軍勢が伊勢に在陣していること、遠方であること、龍造寺政家《まさいえ》に相談したが許可が得られなかったことを理由に、援軍の派遣は断っている。

これらの史料から、やむなく西軍に荷担した様子はうかがえず、鍋島氏は当初、明確な西軍だった（白峰旬《しらみねじゅん》「関ヶ原の戦い関連の鍋島家関係文書についての考察」『史学論叢《ろんそう》』四九）。もっとも、直茂は西軍としての積極的な軍事行動を避けようとしていた様子もみられる。上方・九州双方の情勢を見極めようとしていた可能性もあろう。

❖鍋島氏の寝返り

記録類では、関ヶ原における西軍敗北後、勝茂は九月十八日に大坂に到着。その後、島津義弘による同行勧誘を拒否して大坂に留まり、二十五日に伏見において家康に対面して、立花氏征討を命じられたとされる。だが、家康が大津《おおつ》から淀《よど》へ陣替えしたのは二十六日であり（『義演准后日記《ぎえんじゆごうにつき》』）、伏見において勝茂と対面することはあり得ない。

関ケ原における戦闘後に東軍へ寝返ったことによって、大名としての地位を保った藩において、江戸期に編纂された記録類の記述の信憑性は高くない。鍋島氏の場合、龍造寺家との関係も絡み、関ケ原の戦い時における直茂・勝茂の行動を正当化しなければならなかった。そのため、一時期やむなく西軍として行動したものの、当初から家康に荷担するつもりだったとして、一貫した親家康派だったというストーリーが創作されたと考えられる。

勝茂は九月二十六日あるいは二十七日に大坂を出立し、十月十一日に佐賀に到着。十四日に、父直茂とともに小早川秀兼《ひでかね》（秀包《ひでかね》）領へ進攻し、久留米《くるめ》城を開城させた。その後、立花親成領へ進攻し、江上《えがみ》合戦で立花勢と激戦を展開し、立花を事実上の降伏に追い込んだ（中西豪《たけし》・白峰旬『最新研究 江上八院《はちいん》の戦い』日本史史料研究会）。

鍋島氏が領土保全に成功したのは、当初から家康に通じていたからではなく、関ケ原本戦後、友軍を裏切って攻撃した戦功を評価されたからだったのである。

決戦地の「地形」を読み解く！
勝敗を分けたものとは

谷口研語
Taniguchi Kengo

関ケ原を含む西美濃の平野は、中世においてたびたび、東西両勢力の決戦場となってきた。なぜ、この地で衝突が起こるのか。そして、関ケ原における両軍の布陣から何が見えてくるのか。「地形」からひもといていく。

❖関ケ原は濃尾平野西端の小盆地

関ケ原は岐阜県美濃《みの》地方（旧美濃国）の西端、北の伊吹《いぶき》山地と南の鈴鹿《すずか》山地に挟《はさ》まれた、東西約二千メートル・南北約一千八百メートルの小さな盆地である。この小盆地を濃尾《のうび》平野の一部に含めるかどうかは微妙なところだ。

盆地北側には岩出山《いわでやま》（菩提山《ぼだいさん》）・相川山《あいかわやま》などが、西には笹尾山《ささおやま》・天満山《てんまやま》・城山《しろやま》などが、南には松尾山《まつおやま》と南宮山《なんぐうさん》があって、北・西・南の三方を山々峰々に囲まれ、東は南宮山北西麓《ろく》の桃配《ももくばり》山《やま》と岩出山南麓との間が幅数百メートルの隘路《あいろ》となる。

街道（古くは東山道《とうさんどう》、のち中山道《なかせんどう》）は関ケ原盆地を横切って近江《おうみ》（滋賀県）と連絡するが、盆地南西端から湖東《ことう》平野への通路は隘路とも呼べないほどの狭さである。それでも美濃と近江を結ぶには最短距離かつ比較的平坦な道であるため、古来、東西交通上の重要地点だった。

現在でもJR東海道本線・同新幹線・国道二十一号・名神《めいしん》高速道路など、東西を結ぶ主要な交通機関がこの地に集中している。ただし、それら近現代の交通機関すべてを通すだけの幅はなく、旧道（中山道・東山道）を踏襲した国道二十一号以外は、岐阜県と滋賀県の県境（美濃と近江の国境）付近をトンネルで繋いでいる。

盆地内には伊吹山地南部の山間《やまあい》に発した幾筋かの川がある。盆地北辺の山際を相川《あいかわ》が、相川の南を梨木川《なしのきがわ》、その南を藤古川《ふじこがわ》（関の藤川）が、盆地南辺の山際を黒血川《くろちがわ》が、いずれも北西から南東へと流れ、黒血川は松尾山北麓で藤古川に合流する。

この諸河川の流路からもわかるように、盆地は北西から南東へ緩やかに傾斜している。

❖関ケ原の関は古代の不破関

この小盆地を「関がある原」または「関があった原」と呼ぶのは、古代の関所「不破関《ふわのせき》」に由来している。

古代律令制度では、東海道・東山道・北陸道・山陰道・山陽道・南海道・西海道《さいかいどう》という、政府の管理する七つの官道《かんどう》が設置され、国家の威令《いれい》が日本列島全体を覆うよう都から放射状に延ばされた。

七道のうち東へと向かう道は、東海・東山・北陸の三道である。ただし、律令が整えられた八世紀初頭、当時「東国」と呼ばれた東日本へは国家の支配が十分浸透していなかった。

そのため三道には、それぞれ東日本と西日本を画す交通上・軍事上の要衝の地に関がもうけられていた。

東海道筋では近江と伊勢《いせ》（三重県）との境に置かれた鈴鹿関《すずかのせき》、北陸道筋では近江と越前《えちぜん》（福井県）との境に置かれた愛発関《あらちのせき》、そして東山道筋では近江と美濃との境に置かれた不破関である。

これが「律令三関《さんげん》」と呼ばれるもので、すなわち、三関の東側が広い意味での関東であり、実際、奈良時代にはそう呼ばれていた。

❖不破関は軍事基地

三関のうち不破関はその故地《こち》が確定されており、都から近江を通ってきた東山道が、近江・美濃境の狭隘部を美濃へ出た位置にあった。鈴鹿関も、東海道が近江から鈴鹿山脈を越えた伊勢側の山麓に推定されている。おそらく愛発関も、北陸道が近江から山越えで越前に入った越前側にあったのだろう。

この律令三関は「非常ニ備ヘル」という軍事的機能を持っており、一朝有事《いっちょうゆうじ》の際には関を塞《ふさ》ぐ「固関《こげん》」が行なわれた。

発掘調査で明らかになった不破関の規模は、東西約四百六十メートル、南北約四百三十二メートルの台形状で、総面積十二万三千五百平方メートル（約三万七千四百坪）。西は藤古川を天然の堀とし、北・東・南の三辺には土塁《どるい》が巡らされていた。

その中央を東山道が東西に走り、東山道に面した北側に、四方を各百メートルの築地塀《ついじべい》に囲まれた政庁《せいちょう》跡が確認されている。堂々たる軍事基地であった。

こうした大規模な要塞化はいつごろなされたのだろうか。『日本書紀』によると、壬申《じんしん》の乱（六七二年）で大海人《おおあまの》皇子方は伊賀《いが》から伊勢を経て美濃不破に至り、この地で東国の兵を糾合《きゅうごう》した。そのさい、「鈴鹿関」や「不破道」を固めており、そのころすでに三関、あるいはその前身となる施設があったものと推定されている。

❖濃尾平野は東西両勢力の決戦場

古代国家の支配が東へと浸透するにともなって、三関は役目を終える。三関が廃止されたのは延暦《えんりやく》八年（七八九）のことであるが、その後、現在の関東地方では、騎馬の盗賊集団が

都へ運送される物資を略奪するなどの事件が多発するようになった。

そのため昌泰《しょうたい》二年（八九九）、東山道の信濃《しなの》（長野県）・上野《こうずけ》（群馬県）国境の碓氷《うすい》峠（碓氷坂）と、東海道の駿河《するが》（静岡県）・相模《さがみ》（神奈川県）国境の足柄《あしがら》峠（足柄坂、のちには箱根）に、治安維持のための関所が設置された。それ以降、現在の関東平野周辺が関東・坂東《ばんどう》と呼ばれるようになる。

平安時代も中期になると、関東平野周辺で成長した武士団が、京都の政府に対抗できるほどの政治的な勢力となり、東西両勢力の武力衝突もおこるようになった。

東西の決戦場となったのは主に濃尾平野の西部、すなわち関ケ原を含む西美濃の平野だった。治承《じしょう》・寿永《じゅえい》の内乱いわゆる源平合戦の際には、養和《ようわ》元年（一一八一）源平両軍による墨俣《すのまた》合戦があり、承久《じょうきゅう》三年（一二二一）の承久の乱でも木曽《きそ》川《がわ》で京都方と鎌倉方の決戦があった。

南北朝時代には、暦応《りゃくおう》元年（一三三八）北畠《きたばたけ》顕家《あきいえ》率いる奥州（東北地方の太平洋側）の大軍を、

足利尊氏《たかうじ》方が美濃不破郡で迎撃した青野ケ原《あおのがはら》合戦が知られている。

❖なぜ東西両勢力の決戦場となるのか

中世に西美濃の平野部がしばしば東西両勢力の決戦場となった理由は二つある。

一つは、木曽・長良《ながら》・揖斐《いび》のいわゆる木曽三川《さんせん》（濃尾三川ともいう）とその支流が西美濃南部の低平野に集中し、美濃・尾張・伊勢三か国の国境地帯で伊勢湾にそそぐこと。

もう一つは、中世に東海道と東山道を結ぶ美濃路が活発化したことだ。

すなわち、関東から大軍が発向する際には、東海・東山両道に軍勢を分けて進軍し、木曽川東岸で合流する。対する京都方も、迎撃軍を分散させず一点に集中させるためには、木曽三川を最初の防衛ラインとするのが最上の策となる。

このような両勢力の戦略上の条件に合致する地、それが濃尾平野、わけても西美濃の平野であった。

関ケ原合戦でも、前線諸隊は幾日もかけて順次東海道を西進したが、徳川軍は七万とも八万ともいわれる大軍であったから、家康本隊三万数千が東海道を、世子《せいし》秀忠率いる三万数千の別働隊が中山道を、それぞれ進軍した。

ただし、秀忠隊は、途中、信濃上田《うえだ》城の攻略に日時を浪費し、関ケ原の本戦に間に合わなかった。

❖西軍は第二の防衛ラインに布陣した？

東西決戦の歴史において、木曽三川を東国勢が突破した場合、その後の展開は以下のようになる。

まず、東国勢は垂井《たるい》・関ケ原の辺りで軍を再び二手に分ける。二手に分かれた軍勢のうち、正面の軍は関ケ原南西端の隘路を進軍して近江から京都を目指し、搦め手《からめて》の軍は伊勢路を回って大和《やまと》（奈良県）から北上、京都を目指す。

対する京都勢は、近江の瀬田橋、南山城《みなみやましろ》（京都府）の宇治《うじ》橋に最終の防衛ラインを敷いた。事態がここに至ると、もはや京都方の敗戦は濃厚だ。そうなる前に、可能であるならば、京都方は関ケ原盆地に第二の防衛ラインを置かなければならない。

墨俣合戦や承久の乱の京都方は、第二の防衛ラインを敷くこともできず敗走した。

青野ケ原合戦では、数に勝る北畠顕家の奥州軍が大勝したようだが、自軍の損耗も大きかったのだろう。京都から急ぎ駆け付けた足利方の新手《あらて》が、藤古川と黒血川を背にして湖東平野への隘路を塞ぐと、奥州軍は近江への進軍を諦めて伊勢路へ迂回《うかい》した。

それに対して関ケ原合戦は、両軍合わせて十数万人が小さな盆地に集中するという、異例の展開となった。

しかし、もともと西軍は大垣《おおがき》城に本営を置き、その西と南に諸隊が野陣《のじん》を張っていた。対する東軍は大垣城の東と北に野陣を張っている。杭瀬川での小競り合いなどもあった。本来は西美濃の平野部一帯が主戦場となってしかるべきものだった。

それなのに、なぜ西軍は関ケ原を主戦場に選んだのであろうか。その答えは、西軍の陣形にある。

❖関ケ原合戦における西軍の布陣

石田三成隊は関ケ原盆地の北西端に笹尾山を背にして陣取り、その南に島津隊、その南、天満山北丘を背にして小西隊、天満山を背にして宇喜多隊と、主要部隊が北から南へと並んだ。

これら諸隊は盆地の緩傾斜《かんけいしゃ》に沿って、それぞれ南東方向に面して展開し、大軍を擁する宇喜多隊の最前列は不破関跡付近まで延びたという。

盆地の南には松尾山と南宮山が横たわり、二つの山の間を関ケ原宿から分岐した牧田路（伊勢街道）が南下する。

松尾山には小早川隊があり、松尾山北麓の平野《ひらの》と呼ばれる微高地《びこうち》に大谷隊が藤古川を前にして布陣、その南西に赤座《あかざ》・小川《おがわ》・朽木《くつき》・脇坂《わきざか》の小大名が陣を連ねた。

南宮山の東側山腹には毛利・吉川両隊があり、東麓に長曽我部隊、その前方に安国寺《あんこくじ》・長東の両隊が布陣した。これら南宮山の諸隊は伊勢路を回ってきた軍団である。

石田隊が陣を敷いた地を小関村という。この村を、関ケ原で中山道本道から分岐して北近江へと向かう、いわゆる北国《ほっこく》街道が通過していた。不破関の軍事的機能は北国街道をも抑えることでまっとうできる。したがって、北国街道上にも何らかの施設が置かれていただろう。それが小関で、小関村の地名は不破関付随の施設に由来するものと考えられている。

美濃から近江へのもう一つの通路を遮断するべく、石田隊は布陣したのである。

ちなみに、賤ケ岳《しずがたけ》合戦（一五八三年）の際、大垣城に駐屯していた羽柴秀吉は、柴田勝家《かついえ》率いる北国勢が北近江賤ケ岳周辺へ進出したとの報に接するやいなや、有名な「賤ケ岳一騎駆け」を敢行、この北国街道を通って木之本《きのもと》へと急行した。

❖西軍に対する東軍の布陣

東軍の布陣は、黒田・細川・加藤・筒井・松平《まつだいら》・田中・井伊の諸隊が北から南へ一列に並んで西軍の前線部隊に相対し、その後ろに金森《かなもり》・生駒《いこま》・織田《おだ》・古田《ふるた》の諸隊が控えた。

井伊隊の南西に少し突出して福島隊が進出、福島隊の後ろに藤堂・京極・寺沢《てらさわ》の諸隊が控え、その東側に本多忠勝の部隊が牧田路を抑える形で布陣した。

東軍の総帥徳川家康は南宮山の北西端にある桃配山に本陣を置いた。その前面、関ケ原東端の隘路に家康の麾下《きか》二万数千があり、その東の街道上に有馬《ありま》・山内・浅野の諸隊が繋ぎの陣を置いて、南宮神社の北に布陣する池田輝政の部隊に連絡した。池田隊は南宮山麓の西軍に対する備えである。

桃配山からは関ケ原盆地が一望できるが、毛利隊・吉川隊とは表裏の位置関係にある。きわめてハイリスクな陣取りだった。歴戦の家康にしては、間の抜けた陣形である。それだけ小早川秀秋の寝返りと毛利秀元《ひでもと》・吉川広家の日和見《ひよりみ》という誘引工作に自信があったのだろう。

前線で東西両軍の混戦が続くと、家康は盆地中央へと進出している。桃配山以上にハイリスクな位置に移動したわけだが、これは小早川隊の寝返りを前提にした行動だった。牧田路の本多忠勝は、家康の移動以前に、牧田路の備えを解いて戦闘に参加したらしい。

余談だが、桃配山については、壬申の乱のさい、大海人皇子が集まった兵士たちに桃を配ったことによる、との地名由来伝説がある。

❖西軍の陣形ならば負けるはずがなかった

開戦時の東軍前線諸隊は小盆地の中央部でひしめくような状態にあり、西軍は東軍の前線諸隊をほとんど包囲する陣形をとっていた。松尾山と南宮山の西軍が動けば、東軍の前線部隊は袋の鼠《ねずみ》となって壊滅するはずである。

さらに言えば、関ケ原は中央部から東部が盆の底であり、盆の底に向かって北西から南東へと緩やかに傾斜している。戦いにおいては、攻め上るより攻め下る方が有利なのは言うまでもない。足軽の大軍が押しつ押されつ揉《も》み合う展開となれば、攻め下る西軍側の優位は決定的といえるだろう。

開戦時の東西両軍の配置を見る限り、平面プランでも立面プランでも地の利は西軍にあった。西軍には、負けるはずのない戦い、勝てる戦いだった。

しかし、小早川の寝返りと毛利・吉川の日和見によって負けた。

これら西軍諸大名に対する徳川家康の誘引工作では、黒田長政ら豊臣系大名が積極的に動いている。黒田・福島・細川ら豊臣系の有力大名が家康に付いた段階で、すでに西軍の勝利は遠のいたといえるだろう。

戦争に至る以前の外交交渉と味方の意志統一がいかに重要か、歴史の教訓がここにもある。

徳川軍団は何をしていたか……「天下分け目」の舞台裏

橋場日月
Hasbiba Akira

家康の血を受け継いだ二人の息子、辣腕で知られる参謀、武勇の誉れ高い勇将……。徳川軍団の武将たちは、天下分け目の関ケ原において、どこで何をしていたのか。列伝形式で、その舞台裏に迫る。

❖伏見城守備隊

敵の出鼻をくじいた「鳥居元忠」

徳川家康は会津《あいづ》征伐に出陣する際、伏見《ふしみ》城の留守居《るすい》として鳥居元忠《とりいもとただ》を本丸《ほんまる》に、内藤家長《ないとういえなが》を二の丸に、他の曲輪《くるわ》にも部将を配置して有事に備えさせた。案の如く、七月十七日に家康打倒の兵を挙げた石田三成らは、十九日から徳川方の伏見城に対する本格的な攻撃を開始する。だが元忠はすでに経緯を家康に急報する伝令を関東へ発していた。

宇喜多秀家・小早川秀秋・毛利秀元《ひでもと》ら四万の大軍に対し、城方は鳥居元忠以下二千程度に過ぎない。小早川秀秋や島津義弘が合力《ごうりき》を申し出たが、怪しんだ元忠はそれを拒否していたのだ（『寛政重修諸家譜《かんせいちょうしゅうしょかふ》』他）。しかし伏見城は秀吉が工夫を凝らした堅城であり、今ひとつ内部統制がとれない攻撃側はなかなか攻め落とせなかった。

城がようやく落ちたのは八月一日。元忠は、敵将の鈴木重朝《すずきしげとも》に首を授けた。だが、彼は十三日間も日数を稼いで、三成らの美濃《みの》・伊勢《いせ》方面での態勢作りを大きく妨げたのである。また、彼が敵の包囲を受ける直前に発した急使《きゅうし》は無事家康のもとに到着し、「城中一致して敵を防ぐべし。お気遣い御無用」と元忠以下一同玉砕の覚悟を示した（『関原《せきがはら》軍記大成』）。

二十五日、家康は小山評定《おやまひょうじょう》の場で諸将にこれを披露し、「敵に人質を取られている方はご随意に」と度量を見せたが、徳川軍団の気概を見せつけられた一同はとても離脱することなどできない。小早川と島津の合流を拒んだというのが史実なら、まさにこの徳川家の団結力を見せつけるためということだったのだろう。元忠はその命をもって関ケ原合戦勝利の一手を打ったのだ。

❖会津方面軍

皮肉な命令を受けた「結城秀康」

家康の次男であり、豊臣秀吉の猶子《ゆうし》でもあった結城秀康は、下総《しもうさ》国結城十万一千石を領する大名であり、家康家臣団の徳川軍団と比較すると本多忠勝・榊原康政《さかきばらやすまさ》と同等の動員能力を誇る。

小山評定前夜、「会津・上杉景勝征伐は中止として抑えの兵を残し、石田三成を破れば上杉は簡単に討てる」と意見したという（『永井直清《ながいなおきよ》筆記』）。父・家康は会津の上杉景勝攻めを中止し、反転西上して三成らを討つことを決めると、下野《しもつけ》小山の陣所《じんしょ》に秀康を呼んだ。

皮肉にも「お前は会津の上杉・常陸《ひたち》の佐竹への抑えとして残れ」と命じる家康に対し、秀康は「父上の仰せでも従いがたし」と拒んだが、「豪強の上杉景勝に対するにはお前しかおらぬ」と説得されてやむなく引き下がった（『徳川実紀《じつき》』）。

それでも秀康は、なんとしても自分の武勇を示さんとして上杉家に使者を遣わし「下野の野間で一戦を遂げよう」と申し入れたが、景勝は「家康の留守をうかがうような真似はしない」と取り合わなかったという（『会津陣物語』）。

時をさかのぼること十三年、秀吉の九州征伐に従軍した数え十四歳の秀康は、島津方の筑《ちく》前岩石城《ぜんがんじやく》攻めの二番備《にばんぞなえ》となった。だが、城は先鋒《せんぽう》の蒲生氏郷《がもううじさと》・前田利長によってさっさと陥れられてしまい、彼は「戦うことができず、無念」と涙を流して悔しがったとされる（『名将言行録』）。それよりも遙かに大きい「天下分け目の戦い」に参加できなかった秀康の悲嘆は、想像を絶するほどに大きかっただろう。

❖中山道方面軍

真田掃討を任された「徳川秀忠」

秀吉の死去直後に江戸に戻って戦備を進めていた徳川秀忠は、白河口《しらかわぐち》の大将に任じられ、奥州街道を扼《やく》する北関東の要衝・下野国宇都宮に本陣を置いて上杉攻めの開始を待っていた。

だが、小山評定直後に家康が江戸に戻り豊臣恩顧《おんこ》の大名たちが西に去ると、徳川家の主力部隊ほか三万八千の兵をもって宇都宮に残留。上杉軍の動静を見極め砦《とりで》を築くなど防御態勢を整えた後、八月二十四日に三万八千を率いて中山道を進むこととなった。

家康（だけではないが）の構想としては、石田三成ら反・徳川勢力との戦いは長期戦になる見込みであり、秀忠軍は「（信濃《しなの》）小県《ちいさがた》（郡）へ相働《あいはたら》き」「真田《さなだ》表《おもて》仕置《しおき》の為《ため》」（秀忠書状）と、信濃国上田《うえだ》の真田昌幸退治を作戦目標とし、中山道《なかせんどう》の敵勢力の掃討を主務とする。

九月二日、信濃小諸《こもろ》城に到着した秀忠は、真田昌幸・信繁《のぶしげ》（幸村《ゆきむら》）父子が籠《こ》もる上田城へ降伏勧告をおこなったが、昌幸はのらりくらりと時間稼ぎをした上で挑発してくるという挙《きょ》に出た。

これに対し秀忠は九月六日、城の東の染屋台《そめやだい》一帯に布陣して攻撃を開始する。だが、三千ほどに過ぎない真田勢は、充分にひきつけて攻撃するという昌幸の老巧な作戦によってまず秀忠軍を城の間際まで誘《おび》き寄せ、一斉に弓鉄砲を浴びせて混乱させた上で昌幸・信繁父子自ら姿を見せて敵主力を呼び込み、伏兵も動かした。

さらに、昌幸が折からの大雨にあらかじめ堰《せ》き止めていた神川《かんがわ》を一気に切り落とさせたため、動揺して渡河《とか》し逃げようとした徳川兵は多くの溺死者を出したという。

それでも秀忠の任務は、あくまでも真田掃討である。彼は九日、小諸城に戻り猶《なお》も上田城攻略にこだわったが、本多正信《まさのぶ》の上申《じょうしん》もあり抑えの兵を置いて西へ進むこととした。

前後して、家康からも「美濃へ急げ」との伝令が到着し、秀忠は大いに驚く。前述のように折からの大雨で各地の交通は寸断され、家康の指示は十日前に出されたものだったのだ。

翌十日、周章《しゅうしょう》狼狽《ろうばい》の秀忠以下は小諸を発《た》つが、十五日の関ケ原合戦には間に合わず家康から叱責される羽目に遭っている。

後の逸話として、秀忠は鷹狩りの食事休憩の際、予定の時刻が来れば食べ終わっていなくても箸《はし》を投げ捨てて狩りの場に戻ったというものがある。「信」が天下太平の基であり、時間厳守は「信」の第一歩、という訳だ（『名将言行録』）。彼にとって、関ケ原での遅参は一生の戒めとなっていたのだろう。

諸将の恨みを買った参謀「本多正信」

家康の右腕、辣腕の参謀として知られる本多正信は、小山評定の前夜、徳川家の首脳陣だけの秘密会議に参加している。

その席上、彼は「人質をとられた上方《かみがた》大名衆をそれぞれの領国に帰還させ、徳川譜代《ふだい》の家臣だけで箱根の関を固めて三成方の軍を迎撃すべし」と意見を述べたが、井伊直政は全軍を挙げて一気に西方に攻め返そうと主張した。

家康はこれに対し、直政の主戦論を「志を感じ」(『寛政重修諸家譜』)たと褒めている。

だが、家康が実際に採ったのはその折衷案だった。というより、最初から長期戦を想定して慎重に動くという点では正信案に近いものがある。主戦派の慰撫《いぶ》のためのひと芝居ということだったのだろう。

こうして家康は、豊臣家恩顧の大名たちを尾張《おわり》へ向かわせ、自分は江戸に戻って諸方の大名たちへの書状外交による多数派工作に精を出す。

そして、腹心の正信は宇都宮に残って徳川秀忠の補佐役を務めることとした。自分の意思を完全に共有する正信によって、経験不足の秀忠をコントロールし、大過ないよう、中山道の真田昌幸を慎重に攻略させようというのだ。

家康は福島正則に対し六日に「自分はすでに江戸を発って島田に着き、秀忠もきっと十日頃には美濃赤坂(大垣《おおがき》城の北西)に到着するだろう」と書き送っているが、実際にはまさにこの日、正信が参謀を務める秀忠軍は信濃上田城で大敗の憂き目を見ていた。

正信は「軍令に背いて抜け駆けをし、率爾《そつじ》の戦闘を始めてしまったためにこの結果となった」、と軍令に背いて抜け駆けをした者を処罰し、諸将の恨みを買っている。

だが、正信としては家康と共有する「長期戦」想定を破綻なく進めるために、真田攻めは慎重に行なうことこそが緊要であり、敵の挑発に乗って戦闘に引き込まれた連中を許すわけにはいかなかったのだ。

外交官としても活躍した「榊原康政」

本多正信と同じく、徳川秀忠に従って中山道を進んだのが徳川四天王のひとり、榊原康政である。

正信の徳川秀忠軍参加は家康の代わりに秀忠を教導する目付役《めつけやく》のような意味合いが強いが、康政の場合は少し事情が異なる。息子の大須賀忠政《おおすがただまさ》、娘婿の酒井忠世《さかいただよ》、それに大久保忠《おおくぼただ》世《よ》の子・忠隣《ただちか》など、徳川譜代軍団の中核ともいうべき将兵を束《たば》ねる立場だった。軍事面での補佐役といえよう。

ただ、康政は正信とは異なり、対外的な交渉にも携わる外交官としての一面も持っていた。小山評定以前には毛利輝元の重臣・吉川広家から「輝元は反徳川の動きに関与していない」との申し開きを受け取り、評定後には東北の秋田実季《あきたさねすえ》に「上杉への備えはご安心下さい」などとやり取りし、越後《えちご》の堀親良《ほりちかよし》に、「こちらの処置が終わったら我々も西上します」と応える。さらに宇都宮を出陣する八月二十四日当日にも美濃の遠藤慶隆《えんどうよしたか》と連絡を取り合っている。

そんな康政であるから、彼ら諸大名が抱えている不安に尻を押される形で、できる限り早く敵を破って事態を収拾することが肝要だと考えざるを得ない。その点、家康・正信の長期戦構想とは相容れないものがあった。

そして、九月六日の上田城攻めである。既述の通り、戦いは真田昌幸の巧みな挑発に徳川兵が乗せられてしまう形で始まり、康政の姿もその中にあった。結果的に秀忠軍は、昌幸に手痛く撃退されてしまい、軽率に戦闘を始めた者が処罰される。

その後、攻略をあきらめて美濃へ向かうことになると、正信が「このうえ真田に追撃でもされては、ますます西上が遅れる」と間道《かんどう》を通って諏訪《すわ》に向かうことを決めても、康政は「何を怖れるか」と本道を押し通ったという。

ちなみに、関ケ原決戦に間に合わなかった秀忠に家康が激怒し対面を許さなかったところ、康政は「戦いは他人との手柄の競い合いですから抜け駆けで出し抜くということもありますが、御父子の間で家康様が抜け駆けをしてその上に勘当《かんどう》までされるとは、あまりにも非情です」と、強引な理屈で抗議したと伝わる（『鳩巣《きゅうそう》小説』）。

康政としては、抜け駆けを処断した正信に対する当て付けの意味もこめていたのだろう。

❖東海道方面軍

池田輝政を一喝した「本多忠勝」

徳川四天王中でも武勇第一の誉れ高い本多忠勝は、小山評定前夜に家康から意見を徴《ちょう》されて「石田三成らが豊臣秀頼《ひでより》様を担げば、日に日に敵方に付く者が増えましょう。会津上杉家や常陸佐竹家はどうせ動けませぬから、捨て置いて三成を討てばよろしい。ただ、榊原康政がもうすぐ戻って来ますから、彼の意見を確かめて下さい」と献言《けんげん》した（『名将言行録』）。忠勝の遠謀《えんぼう》と康政への信頼が窺える。

そして七月二十五日の評定を経て二十六日に、忠勝は福島正則ら豊臣恩顧の大名たちとともに尾張へ赴いた。とは言っても、彼自身の手勢は五百に過ぎない。徳川秀忠付きの息子・本多忠政《ただまさ》が主力を率いていたからである。つまり、忠勝は戦闘の主力ではなく軍監（軍目付《いくさめつけ》。監視役）として派遣されたのだ。

八月二十三日の岐阜城攻めに先立つ前日に木曽川《きそがわ》を渡河する際、池田輝政が「自分は下流の渡《わたし》からの搦手《からめて》攻めを割り当てられ、正則は岐阜城に近い上流の渡を使って大手攻めを担当するのは不公平だ」と不満を唱える。すると、忠勝は「輝政殿は家康様の娘婿。勝利こそを追求すべきであるのに、ご自分の手柄だけにこだわるとは、家康様の御縁者としてふさわしくござらぬ」と一喝した（『関原軍記大成』）。

その後九月十四日に家康が美濃赤坂に着陣すると、大垣城の石田三成は、中村一栄《かずしげ》隊・有《あり》馬豊氏《まとようじ》隊を杭瀬川に誘いこんで散々に打ち破る。これを望見《ぼうけん》していた家康は本多忠勝に命じて小人数で出撃させ、忠勝は鉄砲を放ちながら巧みに繰り引き（順番に後退）して、敗兵を収容した（『関原御合戦当日記』）。

福島正則を説得した「井伊直政」

「井伊の赤備え」で有名な猛将・井伊直政は、本多忠勝と同じく豊臣諸将の軍監として尾張に派遣された。江戸から動かない家康に対し、日ごとに焦りを募らせる諸大名は、家康が派遣して来た使者・村越直吉《むらこしなおよし》に対して「なぜ内府《だいふ》（家康）は来ぬ、我らを劫《こう》の立て替え（捨て石）になされる気か」と激高した。

実はこの直前、本多忠勝は相役の井伊直政とともに直吉から使者としての口上を聞き出し「それではならぬ、家康様は風邪と言え」と言い含めていた。ところが、直吉は諸将を前に「そちらが敵に対して動かねば信用できぬ。早々に敵を攻められよ」と、家康から言われた通りに述べた。これには直政も忠勝も「あっ！」と肝の縮む思いだっただろう。

この場面は暴れ者の福島正則が「ごもっとも！　早速敵に攻めかかると致そう」と乗ってくれて収まったのだが、いざ岐阜城を攻めるとなってまた難題が持ち上がった。本多忠勝の項で書いたように、部署争いが起きたのだ。池田輝政を叱責する忠勝に対し、直政は「正則殿は尾張が本拠だから船や筏《いかだ》も都合しやすいでしょう。ここは不利な輝政殿に譲ってやるのが強者というもの」と、正則のプライドをくすぐりながら説得したという（『関原始末記』他）。

忠勝・直政のコンビで両者の顔を潰すことなく硬軟《こうなん》織り交ぜて巧みに誘導する、見事な連携プレーである。

関ケ原決戦で、直政は婿の松平忠吉《まつだいらただよし》（家康四男）を補佐して戦いの口火を切り、勝利後に島津義弘隊を追撃して銃創《じゅうそう》をこうむり、それが遠因となって一年半後に死去することになる。

「北政所」と「淀殿」の敵対説は事実なのか

福田千鶴
Fukuda Chizuru

糟糠《そうこう》の妻と、秀吉の晩年に嫁いだ若妻は、仲が悪かった――。ドラマや小説で、そんなふうに描かれることの多い、「北政所」と「淀殿」。しかし実は、秀吉の死後、二人が連携していた様子が見て取れるという。家康の会津出陣から大津城攻めへ、風雲急を告げるなか、彼女たちがとった行動とは――。

❖根強い固定観念

「北政所《きたのまんどころ》」と「淀殿《よどどの》」は、敵対関係にあった。世間一般には、そう信じられている。いや、絶対に敵対関係でなければならないらしい。豊臣秀吉の死後、世嗣秀頼《よつぎひでより》の「お袋様」として豊臣家を牛耳《ぎゅうじ》る、傲慢《ごうまん》で世間知らずな「淀殿」に対し、秀吉の正妻「北政所」は愛想《あいそ》をつかして徳川家康と手を組み、豊臣家を見限った。悪女「淀殿」の所業ゆえに、豊臣家は滅びたのだ。よって、「北政所」と「淀殿」の良好な関係などありえない、となる。

こうした頑強な固定観念に対し、「北政所」と「淀殿」が連携関係にあったと最初に指摘したのは、大阪城天守閣研究主幹で豊臣家のスペシャリストとして発信を続ける跡部信《あとべまこと》である。

跡部がそのような趣旨の文章を草《そう》したのは二〇〇〇年のことであり、二〇〇六年には「高《こう》台院《だいいん》と豊臣家」という論文にして、『大阪城天守閣紀要《きよう》』三十四号に発表した。高台院とは、「北政所」が秀吉の死後に出家した際に得た院号である。

その後、「北政所」の評伝『北政所おね』（ミネルヴァ書房、二〇〇七年）を執筆した田端泰子も、対立関係を示す根拠はないとして跡部の主張を認め、連携説を採《と》った。筆者も、二〇二四年二月に人物叢書《そうしょ》『高台院』（吉川弘文館）を公表し、跡部説を強く支持して、「北政所」と「淀殿」が連携していた事実を新たに補強した。

このように、学説的には「北政所」と「淀殿」の敵対説は二十年近くも前に克服されているのだが、いまだ敵対説の誤解は解かれていない。そこで、以下では関ケ原合戦時に焦点を絞り、「北政所」と「淀殿」がいかに連携していたのかにつき、紹介していく。

なお、「北政所」の本名は浅野寧《ねい》、「淀殿」の本名は浅井茶々《あざいちゃちゃ》である。よって、以下では二人のことを寧・茶々と記すことにする。

❖豊臣家の二人の正妻

本題に入る前に、寧と茶々の立場について理解を改めてほしい基礎事実がある。現代日本では一夫一妻制が常識なので、過去の時代も一夫一妻の夫婦関係で理解しようとするのは仕《し》方《かた》がないとはいえ、豊臣家は一夫多妻であったという事実である。つまり、寧と茶々は、豊臣家の正式な妻＝正妻であった。

たとえば、二〇二四年の大河ドラマ『光る君へ』では、関白藤原道長《かんぱくふじわらみちなが》には二人の正妻がおり、一条《いちじょう》天皇も二后《にこう》制（二人の正妻）であったという一夫多妻の世界が描かれた。高い地位をもつ者は妻が複数いても制度的に許されるのであり、よって関白となった豊臣秀吉に複数の妻がいても何の問題もないのである。

ただし、葬式などに列席した際に経験した方は多いと思うが、家内部での席順は決めなければならない。寧と茶々は正妻としての地位は同列でも、席順では第一夫人が寧であり、第二夫人が茶々であった。

たとえば、デヴィ・スカルノ夫人が、スカルノ大統領と結婚した正式な妻であり、四人の妻のなかでは第三夫人だったことを想起すればわかりやすい。デヴィ夫人は、「愛妾《あいしょう》」ではない。なぜなら、大統領が複数の妻をもつことは、インドネシアでは正式に許された婚姻制だったからである。万が一、デヴィ夫人が「愛妾」だと思うとすれば、それは現代日本の一夫一妻制の価値観を投影したためであり、誤った理解だと気づくだろう。同じように、現代日本の婚姻制度を基準に、多妻制が認められていた時代に生きた茶々を秀吉の「愛妾」だったと貶《おとし》めることはあってはならない。

要するに、寧と茶々は秀吉の正妻であり、第一夫人が寧であり、第二夫人が茶々であった。

また、その関係は秀吉の死後も変わらなかった。したがって、よくいわれる「正妻」対「愛妾」という対立構造も、史実としては成立する余地はない。なぜなら、茶々は「愛妾」ではないからである。

茶々は第一夫人である寧を敬い、また秀頼のもう一人の母＝「まんかか様」として、寧を頼りにした。豊臣家の家督は秀頼が継いだので、その実母たる茶々の意向を寧は尊重した。二人は連携して、豊臣家を守ろうとしていたのである。

❖秀吉死後の居所

本題に入ろう。慶長三年（一五九八）八月に、秀吉が伏見《ふしみ》城に没した。享年六十三。この時、寧は五十歳、茶々は三十歳、秀頼は六歳（いずれも数え年）。その後も、寧は伏見城の本丸《ほんまる》、茶々・秀頼は伏見城西の丸で別々に暮らしていたが、慶長四年（一五九九）正月に、秀頼は秀吉の遺言に従って大坂城に居所を移した。茶々もこれに同行したが、寧は伏見城に残った。

その後、閏三月に大坂城で秀頼を補佐するはずの前田利家《としいえ》が没し、五奉行の一人石田三成が近江佐和山《おうみさわやま》城に押し込められるなど、五大老・五奉行制の一角が崩れたが、家康は秀吉の遺言に従い、伏見城にいて政務をとっていた。

ところが、八月末頃に寧が伏見城を出て大坂城にむかうと、家康も秀頼に重陽《ちょうよう》（九月九日）の祝儀を述べることを理由に、九月七日に大坂城に乗り込んできた。

すると家康の暗殺計画がもちあがり、これは未遂に終わったが、実行犯の大野治長《はるなが》とその母である大蔵卿局《おおくらきょうのつぼね》は大坂城を出され、十月八日に治長を下総結城《しもうさゆうき》、もう一人の実行犯・土方雄久《ひじかたおひさ》を常陸太田《ひたちおおた》に配流《はいる》し、五奉行の一人浅野長政《ながまさ》（寧の義弟）は計画に関与したとして自領の甲斐《かい》に蟄居《ちっきょ》させることで決着した。

寧はその決着前、九月二十六日に大坂城を離れた。ところが、伏見城には戻らず、秀吉が秀頼のために造営した京都新城《しんじょう》に移り住んだ。これに連動して、寧が出たあとの大坂城西の丸に家康が入って居座《いすわ》ったため、これも「貞淑」な「北政所」と「醜声」の「淀殿」との間に対立関係があり、寧が家康に協力して西の丸を譲り渡したのだと解釈されてきた。

しかしながら、その解釈は的外れである。というのも、寧は大坂城に約一カ月程度を滞在したにすぎず、西の丸は寧の定住場所ではなかった。なので、譲り渡すという発想自体が間違っている。

おそらく、寧は伏見城から京都新城に移る許可を秀頼（実際は茶々）から得るために大坂城に下り、家康暗殺事件に巻き込まれて一カ月近くを滞在したが、京都新城に移ることこそが目的であった。京都に移住した寧は、秀吉の命日には豊國社《とよくにしゃ》に参詣して過ごし、加えて朝廷と大坂の豊臣家をつなぐ新たな役割を担うようになる。

❖関ケ原合戦前夜

慶長五年（一六〇〇）四月になると、家康は会津《あいづ》帰国中の上杉景勝に上洛を求め、これが拒否されるや、会津出陣を企図する。当初の計画では、家康は秀頼を連れ、豊臣の軍勢六万を動かすつもりでいたが、秀頼の馬廻《うままわ》り衆一同が「秀頼様を大坂城から出してはならない」と猛反対したため、出陣態勢を整えることができないでいた。

当然、茶々にとっても、まだ八歳でしかない秀頼を出陣させるなど、思いもよらなかった。そこで、家康に出陣をやめさせ、大坂城に留まるように説得するため、奉行（徳善院《とくぜんいん》〈前田〉玄以・増田長盛・長束正家）を家康のもとに派遣したが、奉行たちは家康の機嫌を損ねるのを恐れて、茶々の意向を伝えられないでいた。そこで、寧の出番となった。

五月二十七日頃に寧は「秀頼様のお見舞いのため」と称して京都から大坂に下り、六月八

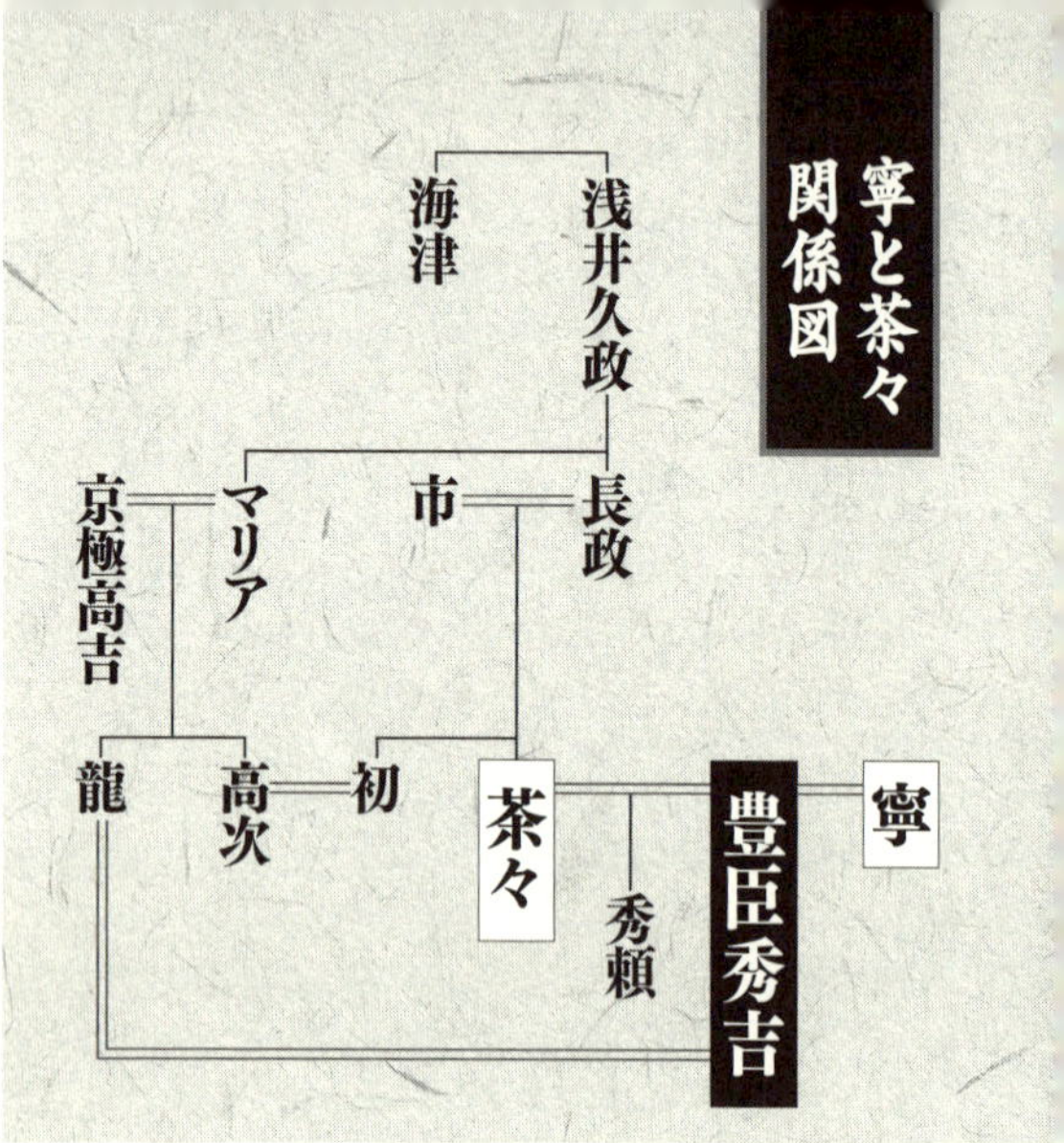

日まで大坂に滞在した。その間、どのような交渉が進められたのか具体的にはわからないが、結果として秀頼の出陣はなかったので、寧の交渉は成功したとわかる。奉行たちが恐れる家康を相手に、堂々と交渉を勝ち取った寧は貫禄十分である。

また同時に、寧は前年九月に家康暗殺の嫌疑で大坂城を出された大蔵卿局の赦免《しゃめん》をも交渉し、大蔵卿局を大坂城に戻すことにも成功した。大蔵卿局は茶々の乳母《めのと》だから、茶々の寧に対する感謝は並々ならぬものがあったに違いない。

こうして家康は六月十六日に大坂城を出て伏見城に入り、十八日には江戸に下った。豊臣家の主力部隊は大坂城に残ることになり、七月十九日に毛利輝元が大坂入城を果たすと、輝元を総大将とした石田三成らの勢力に秀頼馬廻り衆は吸収され、関ケ原合戦へと向かうことになる。以下、この勢力を上方勢《かみがた》と呼ぶことにする。

ここで、家康が秀頼と馬廻り衆を連れて出陣していれば、秀頼が関ケ原合戦で家康を退治しようとしたなどと、のちに家康から難癖をつけられることはなかったと思わなくもないが、ともかくも寧と茶々の連携によって秀頼出陣を阻止したというのが裏事情であった。

❖大津城の開城

八月一日に上方勢は伏見城に総攻撃を仕掛け、落城させた。一方、石田三成・大谷吉継らの決起を知った家康は上杉攻略を中止し、先鋒《せんぽう》隊の福島正則・池田輝政らを西に向かわせ、八月二十三日に岐阜城を陥落させた。これをうけて、九月三日に上方勢が大垣《おおがき》城へと向かうなか、京極高次は大垣城には向かわずに上方勢から離脱し、大津《おおつ》城に立て籠《こも》った。この裏切りを知った上方勢の毛利元康《もとやす》・立花宗茂《たちばなむねしげ》らが、八日より同城の攻撃を開始する。

ここには、高次の妻で茶々の妹にあたる浅井初《はつ》や秀吉の妻の一人で、高次の妹の龍《たつ》（松《まつ》の丸《まる》）がいた。高次や龍は、茶々にはいとこにあたる。よって、茶々が血縁のある親族を救出したいとするのは心情的にわかるが、この救出劇に血縁のない寧が立ち回ることになる。
まず、豊臣家老女の孝蔵主《こうぞうす》が大津城に出向き、これに高野山《こうやさん》の木食応其《もくじきおうご》が同道した。この第一回の和議交渉は失敗に終わり、砲撃が始まった。孝蔵主は砲弾が飛び交う危険ななかを帰京した。これは公家の西洞院時慶《にしのとういんときよし》の日記にあり、寧の関与があったとはしていないが、九日に時慶の妻が寧と孝蔵主に柿と赤飯を届けており、孝蔵主が寧の側《そば》近くにいることが確認できる。つまり、右の孝蔵主たちの行動が、寧の意向をうけたものだったと推測しても、大きな間違いではなかろう。

大津城攻めは激しさを増し、九月十四日の総攻撃では二の丸までが落ちた。そこで、寧から再び孝蔵主と新庄東玉斎《しんじょうとうぎょくさい》が派遣され、高次に和議を迫った。もはや本丸陥落は必至とあきらめた高次が和議を受け入れたため砲撃が中止され、十五日朝に高次は大津城を出た。その同じ日の朝に関ケ原での決戦となり、家康が勝利することになった。

この時のことについて公家の壬生孝亮《みぶたかすけ》は、九月十四日の日記に「太閤《たいこう》政所殿ヨリ孝サウス（孝蔵主）・真常（新庄）東玉斎両人、大津遣、アツカイの間鉄炮止也《なり》」と記した。「太閤政所」とは寧のことなので、この和議交渉の裏で糸を引いていたのが寧だとわかる。十月四日に高次が井伊直政と大久保忠隣《ただちか》に宛てた覚書でも、東玉斎が「政所様御使」として来たとしており、寧が二回目の和議交渉に深く関与したことは確実である。

茶々の関与を示す一次史料は確認できないが、「京極御系図」によれば、九月十三日に新庄東玉斎と木食応其の二人が大坂から来て、同十四日朝に茶々からの使者として孝蔵主と海津《かい づ》が来て開城を迫ったため、十五日朝に高次は城を出て宇治《うじ》まで退き、さらに高野山に入ったとする。

海津は茶々の祖父浅井久政《ひさまさ》の妹だから、龍・高次にとっても母方の大叔母にあたる血縁関係者であった。寧からの派遣とはしていないが、寧の関与があったことは既述のように確実なので、京都の寧、大坂の茶々が連携して使者を派遣し、高次らの命の危機を救ったとしてよいだろう。

十月になると、孝蔵主は右の行動につき家康から嫌疑をうけたが、不問とされた。新庄東玉斎は譴責《けんせき》をうけ、近江新庄一万四千六百石を没収となった。木食応其も家康から出過ぎたことをしたと非難されたため、十月六日付で長文の弁明書を奉行に提出した。それには、大津城だけでなく各所の「城あつかい」（和議交渉）をした所存は、「人を助ける誓願は、百千の堂塔建立にもまさる」「五百人千人が死ぬのを嘆かわしく思った」「天下の惣無事《そうぶじ》を調《ととの》えたい心底《しんてい》」などと説明した。木食上人《しょうにん》としての自主的判断だと主張し、寧からの依頼とは一言もないが、これは寧に嫌疑がかからないための配慮ともとれる。こののち応其は表舞台から去り、近江国飯道山《はんどうさん》に隠遁《いんとん》した。

高次は敗者となりながら、大津籠城が上方勢を二分する活躍と評価されて、木下勝俊《かつとし》改易《かいえき》後の若狭《わかさ》八万五千石を得た。勝俊は寧の甥にあたるから、寧は複雑な思いだった。

とはいえ、右の経緯をみるならば、裏で糸を引いていた寧も嫌疑を受けて処罰される危険は大いにあったわけであり、その危険を顧みず大津開城に尽力した。仮に寧と茶々が反目《はんもく》する関係にあったならば、危険を冒してまで茶々の血縁関係者の救出に手を貸さないだろう。

関ケ原合戦後は京都と大坂とで離れて暮らしていた寧と茶々であったが、寧はほぼ毎年、大坂城に出かけて茶々たちからの饗応《きょうおう》を受け、交流を欠かさなかった。もうそろそろ、寧と茶々は敵対していなかったのだと認めてもらえないだろうか。

伊賀者、甲賀者……「必要不可欠」とされた忍びの任務とは

山田雄司
Yamada Yuji

「忍び」をうまく使う者が勝ち、下手な者が負ける――情報戦の鍵を握っていた忍びたちは、合戦の際にはいかなる任務を負い、どんな活躍をしていたのか。関ケ原合戦における、伊賀者と甲賀者の働きを探る。

❖「情報」が勝敗を分ける

甲賀《こうか》出身の忍びで、尾張《おわり》藩に仕えた木村奥之助《きむらおくのすけ》の口伝《くでん》を門人の兵学者近松茂矩《ちかまつしげのり》が筆授《ひつじゅ》した『甲賀忍之伝《しのびのでん》未来記』（一七五五年）に以下の記述がある。

和漢ともによく忍びを使ったのは、陳平《ちんぺい》（中国秦《しん》末から前漢の軍師）・楠木正成《くすのきまさしげ》、近くは徳川家康である。それに反して忍びの使い方がまずくて敗れた武将は数百に及び、枚挙に暇《いとま》がない。関ケ原合戦において徳川家康は終始忍びをうまく使い、そのための術は今に伝わっている。一方、石田三成は忍びの用い方を誤ったため大敗を喫して滅亡したのである。

これは忍びの功績を誇張している面もあるが、戦いにおいてはさまざまな情報が必要であり、戦闘が始まる前には、地理的状況をはじめ、敵兵の数、兵糧の量、兵具《ひょうぐ》の種類、陣形、戦意、どのような軍令が下されているのかなどを、敵の内部にまで侵入して調べて主君に報告するのが忍びの役割である。

また、戦いになったのならば、夜討ちを行なったり、偽情報を流して敵を撹乱《かくらん》したり、馬を暴れさせたり、同士討ちを誘ったり、火を放ったりするなどの行為をした。

合戦というといかんせん武将に注目が集まりがちだが、いかに優秀な武将であっても、さまざまな情報がなければ戦うことができず、正確な情報を得ることができるかどうかが、ほぼ雌雄を決すると言っても過言ではない。

また、これまでは忍びについてほとんど注目されてこなかったが、近年は各地の忍びに関する研究が進み、その重要性が認識されつつある。

❖井伊直政と伊賀・甲賀の忍び

それでは実際に関ケ原合戦において忍びがどのような働きをしたのか見てみたい。『改正三河後風土記《みかわごふどき》』「脇坂《わきざか》・小川《おがわ》・朽木《くつき》等通欵《つうかん》の事」には以下のことが記されている。

徳川家康は「敵に内通している者が降参してきて謀略に用いることが多いので、決して油断してはならない」と諸陣へ軍令を発した。

また井伊直政を密かに召して、「かねがね言っているように、敵方へ忍びは入れ置いたか」と聞くと、井伊直政は「先日から石田方へ二、三人も入れ置きました」と申し上げた。それを聞いて家康は、「石田だけではなく、宇喜多をはじめ諸将の方へ入れ置いて、動静をうかがわせて敵の挙動・謀略を聞き出させ、雑説《ぞうせつ》をまき散らして敵の心に疑念を生じさせるのは第一の軍術である。このことを味方にも知られないように実行せよ」と命じた。

直政はかしこまって伊賀《いが》・甲賀の老練の徒《と》数十人を選び出し、大垣《おおがき》城の内外を忍び歩かせ、あるいは石田が頼みきっている西国《さいごく》大名の中へ関東から密使《みっし》を遣わし、内々関東へ寝返らせ、「今夜引き入れて大垣へ夜討ちをかけ、城内には裏切りの約束をした者がある」と言わせたり、または城中でかねてから関東へ心が引かれる者を利用して、「宇喜多・石田・長束・大谷等の言行や謀略はすべて関東方へ内通している」などと言わせて、城中は虚説・虚談さまざま起こって、軍士の心が動揺して一向に静かにならない様子である。

脇坂安治《やすはる》・小川祐忠《すけただ》・朽木元綱《もとつな》らは、藤堂高虎を通じて関東方に味方する旨を伝えてきたが、家康は敵からの内通降参は常套手段であるとして油断してはならないと諫《いさ》め、さらには西軍の諸陣に伊賀・甲賀の忍びを置いてさまざまの工作をさせたのだった。

このとき家康から命じられて忍びを入れ置いた井伊直政は、実際に忍びを巧みに操っていたようである。『井伊家軍記口授之書《くじゅのしょ》』（彦根《ひこね》城博物館所蔵）には、忍びの生業《なりわい》として以下のことが記されている。


第一に敵城・敵地・陣場《じんば》へ忍び入り、様子を見澄まして注進《ちゅうしん》し、風を見て敵城を焼くこと。

第二に敵陣の地形の善悪を見、敵の戦いの用意や夜討ちの支度《したく》具合について忍び入って情報を収集して注進すること。

第三に味方が夜討ちするときに火だねである胴の火を持って案内し、夜討ちして引き取るときにはかたわらに忍んでいて、返り討ちをしたときは注進すること。

第四に待ち伏せ・かまり（斥候《せっこう》）・張番《はりばん》のつなぎの使いとして、宵《よい》から出ていって遠見《とおみ》をし、本陣の近辺の足場を見、敵方の物見《ものみ》を見つけること。

第五にその身が正しく確かな者、右に述べた内容に秀でた忍びの者を与頭《くみがしら》として、平時は諸役を許して所領を与えることが肝要である。


家康は永禄五年（一五六二）に今川《いまがわ》方の鵜殿《うどの》氏の居城である上ノ郷《かみのごう》城を、甲賀の忍びを使って夜討ちをかけ、みごとに落とすことができたことから、忍びの重要性について認識し、関ケ原合戦においても忍びの活躍に期待したに違いない。そして、忍びには右に記したようなさまざまな任務が課されたのであろう。

❖鉄炮隊としての活躍

忍びは火術を得意としていたことから、鉄炮隊《てっぽうたい》としても活躍した。浜松の堀尾忠氏《ほりおただうじ》が東軍として関ケ原合戦に出陣した際に、伊賀衆四十人が雑賀衆《さいかしゅう》四十人と共に参陣している。伊賀衆には、織田信雄《のぶかつ》によって伊賀が滅ぼされた天正《てんしょう》伊賀の乱の際に伊賀から逃れた者もおり、彼らは周辺の大名を頼っていき、その中には堀尾氏に召し抱えられた伊賀衆もあったのである。

岡山池田家文庫の「奉公書《ほうこうがき》」(岡山大学附属図書館所蔵)は藩士が各自の由緒を藩に提出したものだが、そのうちの一人で、先祖が伊賀出身の早川加右衛門《はやかわかえもん》について紹介したい。

彼の祖父小嶋与右衛門《こじまよえもん》は伊賀国上野《うえの》・小嶋村出身で、天正伊賀の乱により伊賀を離れて浜松の堀尾吉晴《よしはる》に召し抱えられ、関ケ原合戦の際に吉晴の子・忠氏が浜松から出陣したとき、伊賀者として仕えて出陣した。大坂夏の陣でも伊賀者鉄炮隊の一人として出陣し、忠氏の子である忠晴《ただはる》のときまで仕え、その後、備中松山《びっちゅうまつやま》で病死している。

さらには、江戸城大手三之門の警備を任された伊賀者・甲賀者も鉄炮隊として百人番所《ひゃくにんばんしょ》に祗候《しこう》していたことからもわかるとおり、忍びから鉄炮隊となっていた伊賀者・甲賀者が少なくない。各藩で伊賀者・甲賀者が鉄炮に関わっている例もしばしば見うけられる。

❖伊賀・甲賀衆の実力

大名はそれぞれ忍びを抱えていたが、中でも伊賀・甲賀出身の忍びは優秀であると認識されており、実際それが裏づけられる話も伝わる。

慶長五年（一六〇〇）の徳川家康による上杉景勝に対する会津《あいづ》征伐に際して、家康は下野《しもつけ》小山《おやま》で鳥居元忠《とりいもとただ》の急使《きゅうし》により石田三成らの挙兵を知り、小山評定《ひょうじょう》を開いて三成らの討伐に向かうことになるが、結城秀康に上杉軍の牽制をさせた。

このとき岡部長盛《おかべながもり》、皆川広照《みながわひろてる》、服部半蔵正成《はっとりはんぞうまさなり》の長男正就《まさなり》は、景勝のいる白河小峰城《しらかわこみねじょう》の様子を探るために地元の那須《なす》の者をたびたび遣わしたが、一人も戻ってこなかった。

そこで伊賀者の中から三人選んで城内の様子を調べさせたところ、那須の者は大手口で磔《はりつけ》になっており、三人は城内の様子を詳しく調べて、城の内部構造、兵の多寡《たか》、武器、玉薬《ぐすり》の数までも詳細に報告したという。

このことについては『伊賀者由緒書《ゆいしょがき》』や「浄光公《じょうこう》（結城秀康）年譜」（『徳川諸家系譜』第四越前松平《ぜんまつだいら》家津山坤《つやまこん》）などに記されており、地元の那須衆は城の探索に行っても捕まってしまったが、伊賀者は優秀で、白河小峰城に忍び込んでさまざまな情報を収集したことを記し、他所《よ そ》の忍びとは違う技術を有していたことを示す事例と言えよう。

こうした伊賀・甲賀の忍びの優秀さは、戦国時代の合戦や徳川家康による召し抱えによって広く知られることとなり、十七世紀初頭成立の小笠原昨雲《おがさわらさくうん》の軍学書『軍法侍用集《じよう》』「窃盗《しのび》の巻上」では、「諸家中に伊賀甲賀の者あるべきの事」として、大名のもとには忍びが必ず必要であるとし、大将がどれほど戦《いくさ》の上手であったとしても、敵と足場を知らなければ謀《はかりごと》を実行することができず、伊賀・甲賀には昔からこの道の上手がおり、それが現在も子孫に伝わっていて、「伊賀・甲賀衆」として大名に召し抱えられているのだと記述されている。

彼らは江戸時代では治安維持に携わった。諸合戦における伊賀・甲賀衆の活躍は、平和な江戸時代の礎を築いたのである。

東軍勝利の陰で……戦いを左右した語られざる要因

小和田哲男
Owada Tetsuo

関ケ原合戦の本当の性質、徳川家康の特に評価すべき点、戦いに影響を及ぼした商人や女性、忘れてはならない人物、そして、この戦いが後世にもたらしたもの……。見落とされてきた視点から、新たな関ケ原像に迫る。

❖一大合戦の真相

慶長五年（一六〇〇）九月十五日――。美濃《みの》国の西端、中山道《なかせんどう》不破関《ふわのせき》が置かれた山間《やまあい》で、東西十五万以上（諸説あり）の軍勢が激突した関ケ原は、一大合戦が行なわれた場所として、世界三大古戦場のひとつとされています。

ただ、関ケ原での戦いはあくまでも「本戦」であり、実はその前後、日本全国で東西両陣営に分かれての合戦が行なわれていました。

この日本史上最大規模の大合戦は、応仁《おうにん》・文明《ぶんめい》の乱以来、百三十年余り続いた戦国時代の総決算と見ることもできますが、実はそれまでの合戦とは性質の異なるものでした。

関ケ原合戦に至るまで、日本全国で繰り広げられていた合戦は、いわば大名同士の領土拡張戦。それに対して関ケ原合戦の場合、争われたのは豊臣政権内部の主導権、あるいはヘゲモニー、当時の言葉で言えば「公儀《こうぎ》」を誰が握るかという、「政争」的な意味合いが強いものだったのです。

関ケ原合戦は、ただ単純に天下を握るのが豊臣か徳川かを決める戦いであると認識されてしまうことも多いでしょう。

　確かに、結果を知っている後世の目から見ればそうかもしれません。しかし実際は、「豊臣政権を誰が継承するのか」を明らかにする戦いであり、やや極端に表現すると、関ケ原の戦いは豊臣政権内部の「コップの中の嵐」のような側面をもっていたと捉えることができるのです。

❖家康の優れていたところ

　徳川家康が関ケ原合戦で勝利を手にすることができたのは、当日の彼の軍事的な采配が優れていたから、というだけではありません。むしろ、家康が九月十五日以前に打っていた手が最大の勝因だともいえます。

　具体的には、合戦前の一カ月ほどの間に、百六十九通にも及ぶ手紙を、日本全国の大名に出していたこと。つまり、事前の「根回し」が巧みであったことです。

　そのなかでも、松尾山《まつおやま》の小早川秀秋の寝返り工作、そして南宮山《なんぐうさん》の吉川広家から不戦の約束を取り付けていたこと——この二点は特に、関ケ原合戦での家康勝利の大きな要因となりました。

また、家康はこのとき、自分が手に入れた情報を周囲に隠すことをしませんでした。

上杉征伐に向かう途上で開かれた小山評定《おやまひょうじょう》では、「石田三成が、東軍につこうとする大名の家族を人質に取ろうとしている」といった極秘情報を諸大名に披露しています。

機密情報まであえてさらけ出すことによって、この時点では「同僚でしかない」大名たちから信頼を勝ち得ることができ、さらに「家康さまのために！」という気分を盛り上げることになりました。

豊臣秀吉からも「律儀な内府《だいふ》」といわれていた家康です。「この律儀な家康さまについていけば、良いことがあるかもしれない」と大名たちに思わせるパフォーマンスであり、こうした細かい気配りができることが家康の優れたところのひとつといえます。

一方、石田三成も貴重な情報をたくさん入手していたわけですが、彼はそれらをあまり周囲に開示しませんでした。

例えば、上田《うえだ》城の真田昌幸に、事前に開戦の意図を伝えなかったことを弁解する手紙を出しています。ただ、三成にしてみれば、「家康と戦う」ことをあまり声高《こわだか》に表明してしまうと、相手の備えを誘ってしまう恐れがあるのを警戒していたのでしょう。結果として、これは裏目に出てしまいました。

また、家康は会津《あいづ》攻めが決まった時点で、豊臣秀頼《ひでより》から二万石の兵糧と二万両の軍資金をもらいうけています。

当時の家康の実力からすればこれらは、それほど価値があったわけではありません。では、なぜわざわざ拝領《はいりょう》したのかといえば、「これは公儀の戦いである」と、諸大名への周知を徹底させる意味があったからです。こうしたことができるのも、家康の凄いところでしょう。

❖合戦を左右した商人たち

皆さんもお気づきかもしれませんが、関ケ原の戦いには、朝廷勢力がほとんど登場していません。その一方で、背後で盛んに動いていたのが商人たちでした。

この商人たちの去就が、東軍・西軍の勝利の行方に大きなインパクトを与えていたと私は考えています。

たとえば、堺《さかい》や博多《はかた》の商人の多くは西軍についていたのですが、京都の商人たちは、なぜか東軍につく者が多くいました。

これは、家康と親しかった茶屋四郎次郎《ちゃやしろうじろう》の存在が大きいのでしょう。

茶屋四郎次郎は若いころから家康に仕えて、本能寺の変後の「神君伊賀越え《しんくんいがご》」の際も支援したことなどから、深い信頼を勝ち得ていました。彼を通じて、開戦に至る早い段階で、家康は京の商人を巻き込んでいたようです。堺や博多と比べて、京都は関ケ原への物資の輸送が地理的にきわめて有利です。

呉服商の茶屋四郎次郎ですが、武器も大量に取り扱っていましたから、家康側の軍備を強力にバックアップしていたと推察できます。

❖押さえておきたい意外な人物

関ケ原合戦を考えるにあたり、忘れてはならない人物が、意外なようですが、上杉景勝の執政《しっせい》・直江兼続《なおえかねつぐ》です。彼が「直江状」を書いたからこそ、関ケ原への道筋ができたわけですから。

直江状の真偽については研究者の間で議論されていますが、たとえ現存する写しの文面がそのまま真実ではないにせよ、直江と家康の間で、何らかのやりとりがあったと私は考えています。

慶長五年二月、五大老筆頭の家康に届いた「上杉ニ叛意《はんい》アリ」の情報によって、家康は景勝に上洛を勧告します。さらに翌三月、上杉家の重臣が出奔《しゅっぽん》して景勝の叛意を訴えたことで、家康は早期の上洛勧告の書を送りました。その返書が「直江状」です。

五大老の一人だった上杉景勝は、慶長三年（一五九八）に転封《てんぽう》命令が出て、越後春日山《えちごかすがやま》から会津若松《あいづわかまつ》に移ったばかり。自分の新たな領国をしっかり治め、守るために新しい城や道路を築き始めていたところです。

石高《こくだか》も八十万石から百二十万石と大幅に増えたので、新たな家臣をたくさん雇い入れ、武器も大量に買い求めていました。ところが、その様子が他の大名から見れば、戦いの準備をしているかのような恐れを抱かせるものがあったのです。

家康としては、「お前は五大老でありながら国許《くにもと》に引っ込んで、何もしていないではないか」と詰《なじ》る意味合いをこめた詰問状を送ったわけです。それに対して直江兼続は、「道作りは国造りの基本である」と堂々と正論で返し、この対応にカチンときた家康が「会津上杉攻め」を決めた――これが実際の流れです。

よく、直江は、「家康に喧嘩を売った」などと言われますが、正論を述べただけ、ともとれます。日本中の大名が巻き込まれた関ケ原合戦勃発のきっかけとしては意外なようですが、直江兼続が家康からの圧迫にも屈せず、見事に反論したという史実は、歴史的にもっと注目すべき点だと思います。

もう一人、押さえておきたい人物が、黒田官兵衛《かんべえ》の息子・長政です。

小早川秀秋の寝返り工作は、家康直臣の本多忠勝や井伊直政も取り組んでいますが、実は長政の活躍も大きかったのです。実戦でも長政軍は、石田三成の軍師の島左近《しまさこん》を討つという大きな働きをしています。

父・官兵衛のような「軍師」としては、注目されることの少ない黒田長政ですが、やはり官兵衛譲りの軍師的な知恵はしっかりと受け継がれていました。その働きから、戦後に家康からは「一等」の感状を貰《もら》っているのです。

❖地方における〝関ケ原〟

関ケ原合戦の前後には、日本全国で合戦が繰り広げられますが、まずは東西両軍が直接対決する以前の前哨戦を見ておきましょう。

七月二十五日の小山評定の後、江戸から動こうとしない家康の出陣を待たずに、八月二十日、福島正則らが清洲城《きよす》で美濃をどう落とすかの軍議を開きます。そして、尾張《おわり》から木曽川《きそがわ》を越えて美濃の城を少しずつ攻め始め、東軍有利のうちに、八月二十三日には岐阜城を攻め落としてしまいました。

家康としては、福島らが本気で石田三成と戦うのかどうか疑心暗鬼《ぎしんあんき》だったでしょうし、さらに「もし豊臣秀頼さまが合戦場の近くに出てこられたら……」という懸念もありました。

この二つの見極めが非常に難しかったために、家康はなかなか江戸城を動けなかったわけです。

美濃攻めの戦いぶりに、福島らの「本気」を感じ取ることができた家康でしたが、同時に、この勢いで福島ら先鋒《せんぽう》だけで石田三成を破ってしまったら、自分の立場が無くなってしまうという焦りも生まれます。

岐阜城陥落の情報を得るや否や、家康は九月一日に江戸を出立して東海道をまっすぐ西に向かいました。こうした意味で、岐阜城の陥落は、家康を現場に引きずり出した大きな要因といえます。

結局、秀頼の出陣は無かったわけですが、その裏には、「家康か三成か、どちらが主導権を握ろうと、豊臣政権の屋台骨が崩れることはありえない。だから、お前が出る必要はない」

という淀殿《よどどの》の思いがあったのでしょう。しかも美濃における東軍優勢の情報も届いていたはずですから、ますます大坂から出にくい状況になったのではないでしょうか。

この前哨戦のとき、福島正則と共に岐阜城を攻略した池田輝政は、戦い以外でも大きな役割を果たしました。岐阜周辺から西美濃一帯に禁制《きんぜい》を大量に発給して、人々の安全を保障することで、この地域の占領と支配の円滑化を図ったのです。

関ケ原での決戦当日の池田は、南宮山で吉川・毛利を抑える地味な役どころでしたが、それでも、戦後の恩賞として姫路城主となっていますから、家康は輝政の働きを大いに評価していたと考えていいでしょう。

次に注目しておきたいのが、〝東北版関ケ原〟ともいえる長谷堂《はせどう》城の戦いです。最上義光《もがみよしあき》領の長谷堂城を直江兼続率いる上杉軍が攻撃した攻防戦ですが、最上方に伊達政宗の援軍も加わり、ついに上杉軍が撤退したのは十月一日。

なんと関ケ原合戦の勝敗が決してから、十五日も経っています。これは当時の情報伝達の速度を考えるうえで象徴的なケースですし、「半月」という時間がもつ心理的な意味に注目してもいいかもしれません。

❖女性たちも勝敗を左右していた

関ケ原の合戦では、注目すべき女性たちもいます。

夫の細川忠興が不在の間に西軍の人質となるくらいなら、と自刃したガラシャが有名ですが、夫を守るべく戦った女性もいました。

伊勢安濃津《いせあのつ》城主・富田信高《とみたのぶたか》の妻は、八月二十四日に毛利秀元《ひでもと》らに城を攻められると、自ら甲冑《かっちゅう》に身を固めて活躍しています。圧倒的な多勢に無勢で安濃津城は開城してしまいますが、家康は関ケ原本戦後にこの籠城戦の功績を認め、旧領を安堵したうえで二万石の加増もしています。

一方、情報によって夫を助け、家を興すきっかけをもたらしたのが、山内一豊の妻です。上杉攻めで北上している最中の夫の元に「三成挙兵」の密書を届け、同じ内容の手紙を家康にも届けていたのです。

そのときの家康には、直臣たちからも大坂の情報が入ってきてはいました。それでも一豊の妻の密書によって、大坂に残してきた東軍武将たちの妻子の状況を詳細に把握できたことが、家康の意思決定を後押しし、武将たちの心をつかむうえで大きなインパクトを与えたのではないでしょうか。

それに加え山内一豊が小山評定の場で、「自分の掛川の城に蓄えた兵糧弾薬を、城ごと家康さまに提供します」と発言したことがきっかけとなり、東海道筋の大名たちがこぞって城の提供を申し出て、おかげで東軍はたやすく東海道を西進できたという逸話があります。この一豊の発言の裏にも、妻のアドバイスがあったのではないかと、私は考えています。

関ケ原本戦では大きな武功はなかった一豊ですが、五万石が一躍二十万石と大幅に加増されています。その最大の要因は妻の密書のおかげ、まさに「内助の功」なのです。

❖合戦の結果、その後の影響

関ケ原合戦は、武士たちをめぐる状況にも大きな変化をもたらします。

それまでの戦国武士には、「自分を高く評価してくれない」「主人のやり方に納得できない」といった場合、主家を乗り換えてもかまわない「去就の自由」がありました。しかし関ケ原合戦後は、終身雇用へと大きくシフトし、江戸時代的な主従関係が結ばれてゆくようになります。

もうひとつ、関ケ原合戦の結果、大名の転封、移封が徹底的に行なわれたわけですが、これによって「幕藩体制」の基礎ができることになります。いわば、それまでの「地方分権」国家から、「中央集権」国家へ大きく変わる戦いであったといえるでしょう。

秀吉も、「上杉景勝を越後から会津へ」「徳川家康を三河《みかわ》・遠江《とおとうみ》・甲斐《かい》・信濃《しなの》・駿河《するが》の五カ国から関東へ」など、大掛かりな大名の移封を行なってはいます。

しかし、家康が行なった移封・転封では、「農民は連れてゆくな」という命令が出されました。結果として、これが兵農分離を促進させることになり、社会の固定化と安定化が図られることになったのです。

関ケ原合戦は、「天下分け目」と人口に膾炙《かいしゃ》しています。また、この戦いで「豊臣の世から徳川の世に変わった」とも思われています。

ところが、家康が勝ったからといって、すぐに徳川の世になったわけではありません。これは歴史的に非常に重要なことなのですが、いままで見落とされがちでした。

その証拠として、関ケ原合戦で勝利した後、家康は自ら大坂城に出向き、豊臣秀頼と淀殿の前で、「石田三成を討ちました」と報告しています。家康はあくまでも五大老の一人として、五奉行の石田三成を討ったとしているわけです。

しかも、家康はこの後三年間、雌伏《しふく》のときを送ります。公家に近づくなどの下工作を続けながら、ようやく慶長八年（一六〇三）に征夷大将軍となった時点で、初めて政権樹立に近づいた、といえるのです。

もちろん関ケ原合戦の結果、五大老のうち毛利と上杉の力は大きく減殺《げんさい》され、宇喜多は島流しとなって、豊臣秀吉が創った「五大老・五奉行体制」は完全に崩壊しました。家康自身、まさに「独り勝ち」であることを認識し、「政権樹立に近づいている」とは思っていたことでしょう。ですが、最終的には、朝廷から征夷大将軍に任じられるまで、三年間、じっと待ったわけです。

これによって、関白家として豊臣がトップにいる朝廷に代わって、征夷大将軍という武家政権のトップとして、家康は国を統《す》べることになりました。

❖関ケ原合戦から、我々が学べること

関ケ原合戦の魅力のひとつは、敗れた西軍側にも魅力的な武将がたくさんいることでしょ

う。

石田三成も、吏僚《りりょう》としてはたいへん優秀な人材でしたし、大谷吉継との友情も人間ドラマとしてとても感動的です。

それからもう一人、徳川秀忠率いる三万八千という徳川本隊に囲まれながら、僅か二千余りの軍勢で上田城を守り抜き、しかも秀忠軍を関ケ原本戦に遅参させた――という、見事「一矢《いっし》報いた」真田昌幸のような武将たちもいました。

このように関ケ原合戦には、物語的な要素がいくつもあったからこそ、後の世まで語り継がれたのかもしれません。

これまで、「人の一生は重荷を負うて遠き道を行くがごとし」という有名な言葉が象徴するように、家康の生涯は「幼いころから我慢に我慢を重ねてきた」といわれてきました。ところが最近の研究によって、今川家での人質時代が決して冷遇されていたわけではないと明らかになっていますから、必ずしも我慢を重ねた辛い一生だったというわけではなさそうです。

それでも、家康の生涯をつぶさに見ると、実に多くの書を読んで歴史を勉強しているのです。『論語』や『中庸《ちゅうよう》』といった教養書だけでなく、『史記《しき》』『漢書《かんじょ》』『貞観政要《じょうがんせいよう》』『吾妻鏡《あずまかがみ》』

のような歴史書を深く読み込み、そこから学んでいます。

このように歴史を学んだ家康が、関ケ原合戦の最後の勝利者になった点には、歴史を研究する者としてとても惹かれます。歴史を学ぶ大切さを、家康の勝利が裏付けているようにも思えるのです。そうした意味でも、若い人はぜひ歴史を学んでほしいと声を大にしていいた

「関ケ原合戦屏風絵(模本)」(部分、東京国立博物館蔵、出典:ColBase)

いです。

もうひとつ、大事なことがあります。

誰でも困難に直面すると、どうしても行き当たりばったりの反応・対応をしてしまいがちです。関ケ原合戦前後の家康の行動からは、事前の根回しとそのための情報収集がいかに重要であるかを学ぶことができます。これは現代人が活用・応用できる点として、特に強く申し上げたいと思います。

第II部

大坂の陣

関ケ原合戦から大坂の陣 終焉までの15年間

和暦	西暦	月	主な出来事
慶長 5	1600	9	関ケ原合戦で東軍が勝利
		10	大坂城本丸にて淀殿・豊臣秀頼・徳川家康が和睦の盃事を執り行なう
6	1601	1〜3	家康、大坂城で関ケ原合戦の論功行賞を行なう
8	1603	2	家康、征夷大将軍となる
		4	秀頼、内大臣となる
		7	家康の孫・千姫、秀頼に嫁す
10	1605	4	秀頼、右大臣となる
			徳川秀忠、征夷大将軍となる
12	1607	12	家康の居城・駿府城が火災に遭う
13	1608		幕府、丹波八上の前田茂勝を改易
14	1609		幕府、篠山に松平康重を封じ、篠山城を天下普請として諸国の大名を動員
			幕府、丹波亀山に岡部長盛を封じる
15	1610	閏2	幕府、諸大名の普請役で名古屋築城を開始
16	1611	3	家康と秀頼、二条城で会見
		6	加藤清正、死去
18	1613	1	池田輝政、死去
		8	浅野幸長、死去
19	1614	5	前田利長、死去
		7	家康、方広寺鐘銘に異議をとなえる
			大坂方、片桐且元を使者として弁明しようとするが、家康と対面できず
		10	片桐且元、大坂城を退去
			家康、豊臣家討伐の軍令を発する
			大坂冬の陣、始まる
		12	和睦が成立
20	1615	3	家康、豊臣家に対し、転封か牢人追放を求める
		4	秀頼、徹底抗戦を決める
			大坂夏の陣、始まる
		5	大坂城、落城
			秀頼と淀殿らが自害

徳川家康は本当に豊臣家を潰したかったのか

笠谷和比古
Kasaya Kazuhiko

関ケ原合戦後、徳川家康は豊臣家滅亡に向けて虎視眈々と手を打っていったかのようなイメージがもたれている。しかし、果たしてそうした見方は正しいのだろうか。また、関ケ原後の徳川家と豊臣家の関係はいかなるもので、両者はなぜ、開戦へといたったのか。関ケ原合戦から大坂の陣へといたった実相を読み解く。

❖豊臣秀頼は一大名に転落したのか

「関ケ原合戦後、豊臣秀頼《ひでより》は摂津《せっつ》・河内《かわち》・和泉《いずみ》の石高《こくだか》六十五万石の一大名に転落した」

これは、関ケ原後の政治情勢に対する見方として、最もオーソドックスな通説で、明治時代から語られてきました。

しかし、本当にそうなのでしょうか。

「徳川家康が万事差配しているが、依然として公儀《こうぎ》(武家政権)の頂点に豊臣家が存在し、家康は豊臣家の大老だった」という説を、私は提唱しました。そのように考えた根拠の一つとして、「領知朱印状《りょうちしゅいんじょう》の問題があります。

関ケ原合戦の後、日本国中を総入れ替えするような領地替えをしながら、家康は領知朱印状を出していないのです。

細川家文書に残る細川忠利《ただとし》と父の忠興とのやり取りは、その証拠となります。忠利が豊前《ぶぜん》・小倉《こくら》三十九万石から肥後《ひご》・熊本五十四万石に転封《てんぽう》される際、「小倉時代の古い領知朱印状をお返しするために探しています。ご存じですか」と、父・忠興に問い合わせたところ、「豊前・小倉をもらったときは、朱印状も領地目録もなかった。どこの大名もそうだった」との返答でした。

土佐《とさ》一国をもらった山内家の文書にも、「領知朱印状はなかった」とあり、関ケ原合戦後の領地配分においては、領知朱印状が出なかったと考えて間違いないでしょう。

領知朱印状を発給すれば済むことなのに、領地の給付は一人ひとりに口頭伝達するというやり方だったのです。そんな手間がかかる方法を選んだのは、なぜでしょうか。「家康には領知朱印状を発給する権限がなかった。出すのであれば、秀頼の名前で出さなければならない。それは家康にとって面白くないので、口頭伝達にした」と、私は推定しました。

また、関ケ原合戦の翌年、伊達政宗が家康の側近だった今井宗薫《いまいそうくん》に送った書状があります。目上の人に手紙を送るのは失礼にあたるため、形式上その部下に送ったもので、事実上、家康に対する手紙です。

そこには「いかに太閤《たいこう》の御子であろうとも、日本の御置目《おんおきめ》など取り行なうべきご器量がないと家康様が見極められたならば、領国として二、三国、あるいはそれ以内でも与えて、ゆるゆると過ごされるのが豊臣家にとって、あるいは秀頼様にとってよいことではないでしょうか」ということが書かれています。

政宗は「親徳川大名」の代表的な人でした。そんな非豊臣系の大名でも「秀頼が成人すれば、天下人になる」と認識し、それは当時の武家社会では前提だったことが、この手紙によってわかります。

それから、家康と淀殿《よどどの》、秀頼の間で、関ケ原合戦の後に行なわれた「和睦の盃事《さかずきごと》」も、双方の上下関係を物語っています。

盃は最初が淀殿であり、次に家康が飲み終わると、淀殿は盃を傍らにいる幼い秀頼にまわすよう求めます。主君筋に対して失礼になるため、家康は辞退したものの、淀殿から懇請されたので盃を秀頼に渡しました。

この順番は、淀殿と秀頼が上座《かみざ》、家康が下座《しもざ》だったことを示しています。

これらのことによって、関ケ原合戦後もなお、豊臣家が武家政権の頂点に君臨し、家康は五大老の一人という構図が基本的に維持されていたと考えられるのです。

❖家康が描いた「国家のあり方」

関ケ原合戦に勝った徳川家康は、天下人になりきれていなかったといっていいでしょう。

そこに征夷大将軍就任の意味が出てきます。

従来は、「家康はすでに天下人であったが、さらに征夷大将軍という装飾をもらった」という見方が一般的でした。それに対し私は、「豊臣公儀の傘下から抜け出し、家康を頂点とする新たな公儀体制をつくるためだ」と、理解しています。

慶長八年（一六〇三）の年初から、「家康様は将軍に、秀頼様は関白《かんぱく》になられるべく候《そうろう》」という噂が流れます。そしてこの年に家康が征夷大将軍、秀頼は関白ではないものの従二位内《じゅにいない》大臣《だいじん》に任じられました。

大坂城に勅使《ちょくし》が派遣されたことを知った相国寺《しょうこくじ》の院首《いんじゅ》・西笑承兌《さいしょうじょうたい》は、「関白宣下《せんげ》のための勅使だろう」と日記に記しています。そこから読み取れるのは、当時の人々が「家康の将軍制」と「秀頼の関白制」が相並ぶ「二重公儀」になるであろうと認識していたことです。

そして、この体制は家康自身が設計したものと、私は捉えています。

その理由として、まず関ケ原合戦後の領地配分で、日本の半分にあたる京都から西に、徳川大名が一人もいないことを挙げましょう。

播磨《はりま》国は池田輝政、安芸《あき》・備後《びんご》国は福島正則というように、西国《さいごく》の大名は国単位で領地をもらうケースもあれば、但馬《たじま》国、丹波《たんば》国、豊後《ぶんご》国などのように、中小大名だけの国もありました。

情報の収集、命令の伝達、反乱に対する備え等々を考えたとき、そうした中小大名混在国に徳川譜代《ふだい》の大名を置くべきなのに、全部調べてもゼロだったのは驚きでした。

これは「京都から東は徳川、西は豊臣」というメッセージであり、「徳川と豊臣が共存共栄する国家のあり方」を、家康が設計したからではないでしょうか。

「徳川と豊臣は共存共栄」という意図は、孫娘の千姫《せんひめ》を秀頼の御台所《みだいどころ》として送ったことにもあらわれています。

子どもを送るのは「人質」ですが、関ケ原合戦で勝った家康が、わざわざ人質を出す必要はありません。それをあえて出したのは、「徳川は豊臣に対して攻撃的なことをしない」という証《あかし》になります。

また、長い日本列島を一元的に支配することは、当時の統治技術では無理だったとも考えられます。二元的に分けるのがむしろ自然なのかもしれません。

豊臣秀吉にしても、天下統一を控えて、箱根から東の統治を家康に任せていました。当時の史料に、関東と奥両国《おくりょうごく》（陸奥《むつ》と出羽《でわ》）については、「家康に惣無事《そうぶじ》を任せた」とあります。惣無事は平和令のことですが、東国統治を家康に委ねたといっているのです。

❖「敵対モード」に入った家康

関ケ原合戦後の徳川家康は、豊臣家に対する圧迫的な行為や不利益になるような行為は一切していません。

ほとんど非の打ち所がないほど見事な態度を取っていたのですが、慶長十三年（一六〇八）から一気に「敵対モード」に変わります。

まず、丹波の八上《やかみ》城主で豊臣大名だった前田茂勝《しげかつ》を改易《かいえき》処分にし、そこへ譜代大名の松平康重《まつだいらやすしげ》を入封《にゅうほう》させました。近江《おうみ》の膳所《ぜぜ》で止まっていた「徳川のライン」が、初めて京都を越えて西に進められたのです。

翌年、松平康重は八上から丹波の篠山《ささやま》へ居城を移すことを命じられ、幕府は西国二十名の大名を動員し、五万石の大名に過ぎない松平の居城を、天下普請《ぶしん》で築きます。

篠山は陸路で尼崎《あまがさき》へ、また加古川を通じて姫路とつながり、山陽道を扼《やく》せる場所です。他方、兵庫県の中心部なので、山陰道から京都、大坂へ入ろうとする軍勢を食い止める要地でもあります。つまり、松平の篠山移転は「大坂を押さえるための一手」と見ることができるのです。

続けて、丹波の亀山（現在の地名は亀岡）へ、譜代大名の岡部長盛《おかべながもり》を入封させ、亀山城を修築しました。篠山と亀山を結ぶ線の先には伏見城《ふしみ》があり、篠山、亀山、京都伏見という大坂包囲網をつくったわけです。

さらに、「親徳川大名」の藤堂高虎を、伊予の今治《いまばり》から伊勢《いせ》の津に転封させ、慶長十五年（一六一〇）には、家康の九男・義直《よしなお》のために名古屋城を築き始めます。これらは、豊臣大名が逆襲してきた場合の備えでしょう。

第一ラインが篠山、亀山、伏見。第二ラインが伊勢・伊賀《いが》。第三ラインが尾張名古屋。一連の処置は、豊臣家の大坂を包囲するための戦略と考えられます。

この時期に家康が「敵対モード」に入った理由は、明確にはなっていません。ただ私は、慶長十二年（一六〇七）十二月に、完成したばかりの家康の居城・駿府城《すんぷ》が焼失していることに注目しています。家康自身も焼死寸前だったのです。あくまで想像ですが、家康が火災を親豊臣派によるものと見なしてもおかしくはありません。「自分は豊臣家を大切にしてきたのに、それをあだで返すのか」と思った可能性もあるのではないでしょうか。

一方、家康による包囲網をみて、「このままでは徳川が豊臣を滅ぼしてしまう」と憂えた豊臣大名の加藤清正らは、状況を打開するために、「豊臣秀頼が家康と直接会って、和解の道を探るしかない」と考えて働きかけ、慶長十六年(一六一一)に二条城での頂上会談が実現しました。

先に二条城に入っていた家康は、主君筋に対するような礼法で秀頼を迎え、御成《おなり》の間では秀頼を上段に座らせています。その上で、家康は、「互いの御礼あるべき」と話しかけます。要するに、「これからは相互対等の形でお付き合いしませんか」といったのです。

すると、秀頼は家康の申し出を遮《さえぎ》って、家康を上段の間に入れ、自分は下座にまわって拝礼しました。これは徳川の政治主導権を認めたことを意味します。

ここにおいて徳川と豊臣の「二重公儀体制」が終了し、両者に生じた緊張が緩和されました。しかし、豊臣家の地位が一大名になったかというと、そうとは言い切れないのです。

二条城会見を踏まえて、家康は全国の諸大名から三か条の誓約書をとりますが、その中に秀頼は入っていません。豊臣家の政治的地位は「一大名ではなく、天下人でもない」という、宙《ちゅう》に浮いた状態だったことになります。

それは「元の主君筋を家来筋にはできない」という家康の倫理観から、「元主君としての待遇」を与えた結果かもしれません。しかし、このときに秀頼を一大名にしなかったことがかえって禍根となり、大坂の陣につながります。

二条城会見で徳川の主導権を確立したとはいえ、家康が死んだ後の問題――いわば「後顧の憂い」――があったからです。

多くの大名は、徳川幕府というより家康に帰服しています。特に豊臣大名はそうで、その理由は、家康のもつ「恐ろしさ」と「頼もしさ」です。軍事カリスマとしての家康です。しかし家康が死んだら、力量が明らかに違う秀忠に従うかどうか……。

関ケ原合戦の後で家康から恩賞をもらった大名は徳川に恩義があるとしても、負け組は違います。

毛利は八カ国から二カ国と、四分の一にされました。上杉は会津百二十万石から米沢三十万石に、常陸《ひたち》から秋田に転封した佐竹は、石高《こくだか》が半分以下になっています。

そうした西軍の負け組にとって、家康の死は失地を回復する絶好のチャンスです。彼らが秀頼をいただき、関ケ原合戦のリベンジを図る。そこに加藤清正、福島正則、浅野幸長、前田利長といった豊臣系の大大名が加わったら、徳川が滅ぼされてしまうかも知れない……。

このシナリオこそ、家康が最も恐れたものだったのではないでしょうか。自分の存命のうちに豊臣を軍事制圧しておかなくてはならない。しかし豊臣恩顧の大名たちが秀頼をガードしている現実がありました。

ところが、「命を捨てても豊臣家を助ける」と思われる人々が、相次いで物故《ぶっこ》しました。

まず、二条城会見の後、加藤清正が急死しました。続いて、池田輝政が亡くなります。輝政は家康の婿で親徳川と思われるかもしれませんが、徳川が豊臣と争った場合、すんなりと徳川につかず、中立的な立場で戦いをやめさせようと動いたことでしょう。

さらに、無二の豊臣派だった浅野幸長も亡くなってしまいます。残ったのは福島正則ですが、思慮が浅く、家康が恐れる必要はありません。

つまり、多くの有力な豊臣大名が亡くなった慶長十八年（一六一三）の段階で、軍事的な障害がなくなり、大坂城を攻撃できる状態になったのです。

しかし、家康は動かなかった。障害となったのは、倫理上の問題だと思います。

「理由もなく、もとの主君を討伐することは許されない」

これが家康の行動を制約した、最も大きな理由だったと、私は見ています。

❖開戦に至った経緯

そこに出てくるのが方広寺《ほうこうじ》の鐘銘《しょうめい》事件で、徳川家康にとっては「降って湧いてきた問題」でした。

これは、秀頼が慶長十九年（一六一四）に方広寺の大仏を再建した際、鐘《かね》の銘文に「国家安康《あんこう》」「君臣豊楽《くんしんほうらく》」とあった事件です。

この銘文を書いた臨済宗《りんざいしゅう》の僧・清《せい》韓《かん》は、駿府で取り調べを受けた際、「お名前を使わせていただきました。祝賀の意味で、何がしかを企《たくら》むものではございません」といっています。

つまり、意図的に「家康」という文字を使ったと表明したわけです。しかし、「底意に呪詛《じゅそ》の意味があるのではないか」という疑念に関して、清韓が「祝賀の意味で書いた」と弁明したら、それ以上は進めません。

この件に関して、家康は京都の五《ご》山《ざん》の僧侶たちに諮問《しもん》しました。すると、五人すべてが「諱《いみな》（実名）を使うことは無礼である」と回答しています。

それは中国の礼法上の意味でもあるし、日本の言霊《ことだま》信仰においても、諱で呼ぶのはその人の魂を奪うことに等しく、タブーという考え方があ

りました。「家康」の文字を使うことは、「諱を犯す」ことになり、無礼に決まっているわけです。

ところが、「底意に呪詛があるかどうか」については、「呪詛とまではいえないだろう」と全員が肯定しませんでした。

結局、五山の僧侶が出した回答から満足な証拠を得られず、方広寺鐘銘事件は有耶無耶《うやむや》になりつつあったのですが、そこからが家康の腕の見せ所といえるでしょう。

清韓を連れて駿府を訪れた片桐且元《かたぎりかつもと》に、家康は直接会わず、側近の本多正純《まさずみ》と金地院崇伝《こんちいんすうでん》に応対させました。

「徳川に叛心《はんしん》はないという誓約書を、秀頼から出させます」という且元の提案に対して、「今回の件は誓詞《せいし》ごときで済むことではない」という家康の回答を、取り次ぎ役の本多正純が伝えます。

「どうすればいいのですか」と且元が尋ねると、正純は「大御所《おおごしょ》様は、且元に考えさせよとおっしゃるばかりで」と答え、明確な条件は示しませんでした。

家康と会うことなく且元は大坂に帰りますが、その道すがら、彼の頭の中を去来したのは「淀殿が人質として江戸にいく」「秀頼が大坂城から退去する」「秀頼が一大名として江戸に参勤する」という三案でした。それは誓詞を拒否した家康にとって、予期したとおりの流れなのでした。

且元と入れ替わるように、淀殿の使者として大蔵卿局《おおくらきょうのつぼね》と正栄尼《しょうえいに》が駿府を訪れます。家康は彼女たちとは会って歓待し、「淀殿も御心痛のことだろうが、まったく案ずるに及ばないこと。御安心されるように」といって帰しました。

こうして、淀殿に二通りの回答が届きます。

一つは片桐且元の峻厳な三案、もう一つは大蔵卿局たちが伝える歯の浮くような家康の言葉です。

超高気圧と超低気圧がぶつかると竜巻現象が起こるように、大坂城で「嵐」が吹き荒れました。家康の意図したところです。

果たせるかな、「家康に迎合する且元は裏切り者だから討て」という声があがり、且元は大坂城を退去し、居城の茨木城へ逃げ込みました。

且元は、豊臣家の家臣であると同時に、豊臣家と徳川家の仲介的な役割を務めており、家康の意向を豊臣家に伝える伝達者です。

よって「且元を殺害しようとするのは、家康への反逆行為。故《ゆえ》に豊臣家を討伐する」として、これが大坂の陣の開戦理由となりました。

❖豊臣家滅亡は家康に何をもたらしたのか

とはいえ、大坂の陣が始まっても、徳川家康に豊臣家を滅ぼす意図は薄かったと思います。豊臣秀頼が降伏すれば、最悪で島流しという形で終わったでしょう。

「大坂の陣で、家康が豊臣家を滅ぼすつもりはなかった」という証拠として、夏の陣の戦い方を挙げておきたいと思います。

道明寺《どうみようじ》合戦、八尾《やお》・若江《わかえ》の戦いに敗れた豊臣方は、大坂城に籠《こ》もりました。徳川方は五月七日の朝方に城を包囲したものの、昼近くになっても総攻撃の命令が出ませんでした。払暁《ふつぎよう》とともに始まる当時の戦い方としては異例です。

なぜ、すぐに総攻撃をしなかったのか。

徳川方が和議を働きかけていたからです。大坂城を退去し、淀殿を人質に出すよう説得しましたが、豊臣方の意見はまとまりません。

そして結局、その間にしびれを切らした前線部隊が威嚇射撃をし、それが呼び水となって、不規則な形で戦闘が始まってしまったのです。

しかも、豊臣方の奮戦はすさまじく、特に天王寺口《てんのうじぐち》中央に布陣した毛利勝永《かつなが》隊の目覚ましい進撃のために、徳川方の将兵が多数討ち取られたほか、家康本陣まで後退させられました。そうなると徳川家の面目上、家康も豊臣家を滅ぼさざるを得なくなります。皮肉ではありますが、善戦したことがかえって、豊臣家の滅亡につながってしまったといえるでしょう。

ともあれ、家康とすれば、本意ではないものの、大坂の陣で豊臣家を滅ぼしてしまったことに、忸怩《じくじ》たる思いがあったと思います。

豊臣家を滅ぼすことによって、いわば十字架を背負うこととなった家康は、「徳川の政治は徳川のためであってはならず、天下の、公共のための政治を行なうという使命を天から与えられたのだ」と考えました。

だからこそ死の間際、家康は外様の諸大名を枕元に召し寄せ、こう語っています。「大樹《たいじゅ》（将軍秀忠）の政策に、非道があったならば、誰が取って代わっても構わない。天下は天下の天下であり、私はうらまない」

その言葉は、決して諸大名の内心をさぐるような老獪なものではなく、家康の最期の境地だったと受け止めるべきでしょう。

そして、そうした考えが幕政の根底にあったからこそ、徳川の世は二百六十年もつづいたのではないでしょうか。

開戦への導火線となった決別……茶々と片桐且元の苦悩

黒田基樹
Kuroda Motoki

大坂城において、家老として羽柴（豊臣）家を支えてきた片桐且元。しかし、方広寺大仏殿鐘銘問題について交渉するため、徳川家康のもとへ赴いた後から、城内で不穏な空気が漂い始める。そしてその時、茶々（淀殿）がとった行動とは——。茶々と且元、羽柴家中のキーマン二人から、大坂の陣開幕の実相を探る。

❖家康はなぜこの日に陣触を発したか

慶長十九年（一六一四）十月一日、「大御所《おおごしょ》」徳川家康は、大坂城攻めのため、近江《おうみ》・伊《い》勢《せ》・美濃《みの》・尾張《おわり》・三河《みかわ》・遠江《とおとうみ》諸国に対して、陣触《じんぶれ》を発した。これが大坂の陣の事実上の開幕となる。

家康はなぜ、この日に陣触を発したのか。それは京都所司代《しょしだい》・板倉勝重《いたくらかつしげ》から、大坂城の情勢に関する連絡をうけてのことであった。

板倉勝重が書状を出した日付は判明していないが、内容から、九月二十五日ないし二十六日のことであったと推定される。そしてその内容は、羽柴《はしば》（豊臣）家家老で、徳川家と方広《ほうこう》寺《じ》大仏殿鐘銘《しょうめい》問題について交渉を担当していた片桐且元《かたぎりかつもと》が、羽柴秀頼《ひでより》近臣の大野治長《はるなが》・織田頼長《よりなが》らに襲撃される状況にあったため、自身の屋敷に引き籠もった、というものであった。

この内容に家康は激しく立腹し、大坂城攻めを決定し、陣触を発したのだ。

すなわち大坂の陣は、羽柴家での内部抗争が契機になっていたのである。

家康が且元の屋敷への引き籠もりをうけて出陣を決定したのは、且元が徳川家との政治交渉担当者であったため、それを屋敷に引き籠もらせる事態に追い込んだ、ということは、羽柴家に徳川家との政治交渉を継続する意思はない、と判断したからになる。現代でいえば、大使館撤収による国交断絶の宣言と受け取ったようなものだ。

この且元と大野治長・織田頼長らとの対立による羽柴家の内部抗争は、九月十八日に、且元が方広寺大仏殿鐘銘問題について、家康との交渉の結果、家康本拠の駿府《すんぷ》から大坂城に帰還した時から始まった。

そしてその対立は解消されることなく、羽柴秀頼の母で当時の羽柴家において事実上の家長の立場にあった浅井茶々《あざいちゃちゃ》（淀殿《よどどの》）が、九月二十七日に、且元へ隠居・隠遁《いんとん》を命じた。それをうけて且元は大坂城から退去し、さらに十月一日に大坂からも退去して、徳川方に属すという事態へと展開していく。

且元が羽柴家から離叛した十月一日は、ちょうど家康が大坂城攻めのために陣触を発した日にちにあたっていた。

且元をめぐる大坂城での政治抗争は、九月十八日から十月一日までの十三日間にわたって展開され、その結果、大坂の陣の開始が決定的になった。

では、この十三日間に、大坂城ではどのような政治抗争が展開されたのか。その状況については、拙著『羽柴家崩壊　茶々と片桐且元の懊悩（中世から近世へ）』（平凡社、二〇一七年）で詳しく取り上げている。ここではそれをもとに概略をまとめることにしたい。

❖くすぶっていた且元への不満

片桐且元は、駿府での家康との方広寺大仏殿鐘銘問題についての交渉を終えて、九月十八日に大坂に帰還した。交渉では、家康から、羽柴家が徳川家に対して取るべき姿勢として三つの条件を提示されていた。

その内容は、①秀頼を江戸に移すか、②茶々を江戸に居住させるか、③大坂城から退去して国替《くにが》えするか、というもの。それはすなわち、羽柴家は明確に徳川家に服属する態度をとれ、というものであった。

且元は帰還するとすぐにそれらの交渉結果を秀頼・茶々に報告した。これをうけた秀頼・茶々は、いずれも応じることはできないと判断し、且元に家康との再交渉を命じた。そして二十三日に且元が出仕してくること、二十五日に再交渉のため駿府に再度下向《げこう》することを取り決めた。

他方、秀頼近臣筆頭の大野治長、親類衆筆頭の織田有楽《うらく》の子頼長ら、秀頼側近の有力者たちは、こうした条件を携えてきた且元を、徳川方に寝返ったものとみなし、二十二日には、翌日に且元が出仕してくる時に、城中で暗殺することを計画した。

且元は、当時の羽柴家において唯一の家老であり、知行高《ちぎょうだか》も他の家臣よりも圧倒的に高く、また大坂城の城門七つのうち五つを管轄し、羽柴家の財政も管轄していた。弟の貞隆《さだたか》も、多くの知行高を有して、大坂城の城門のうち一つを管轄していた。つまり、城門七つのうち六つを片桐兄弟が管轄する状態にあったのである。ちなみに残る一つは、親類衆筆頭の織田有楽が管轄していた。

且元は羽柴家の軍事・財政を全面的に担っていた存在といえ、いわば一人で羽柴家を支えていたといっていい状態にあった。そうした且元の立場には、台頭してきた秀頼側近衆は少なからず不満を持っていたことであろう。

秀頼が具体的な政務を開始したのは、わずか二年前からのことであった。秀頼の政務の展開にともなって、それら秀頼側近衆は、ようやく政治に関与できることになる。しかし実情は、家老の且元とその弟貞隆にほとんどを牛耳られている状態にあった。秀頼側近衆はそのことを不満に思っていたに違いなく、それが鐘銘問題を機に爆発したといえよう。

❖茶々の起請文

この大野らによる暗殺計画は、二十二日夜、城下に居住していた織田常真《じょうしん》（信雄《のぶかつ》）から、且元に書状と使者によって報《しら》された。

織田常真は、且元に出仕を見合わせるよう助言した。これをうけて且元は、病気と称して出仕を見合わせ、城内二の丸の東に所在した上《かみ》屋敷に引き籠もった。

二十三日、且元が出仕してこないことを心配した秀頼と茶々は、それぞれ家臣を何度も且元の屋敷に派遣して、事情を問い質《ただ》した。

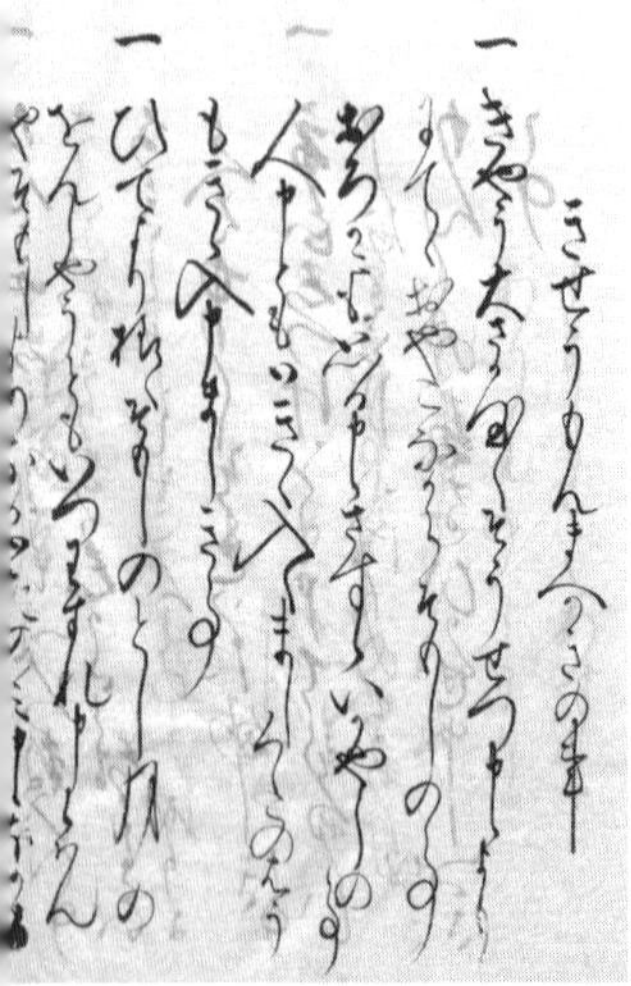

そうして二十五日には、秀頼は、且元の同心（指揮下の武士）でもあった今木一政《こんぼくかずまさ》という人物を且元のもとに派遣した。

今木は、且元から、秀頼が暗殺しようとしているため出仕できないという話を聞かされる。今木がこのことを秀頼に報

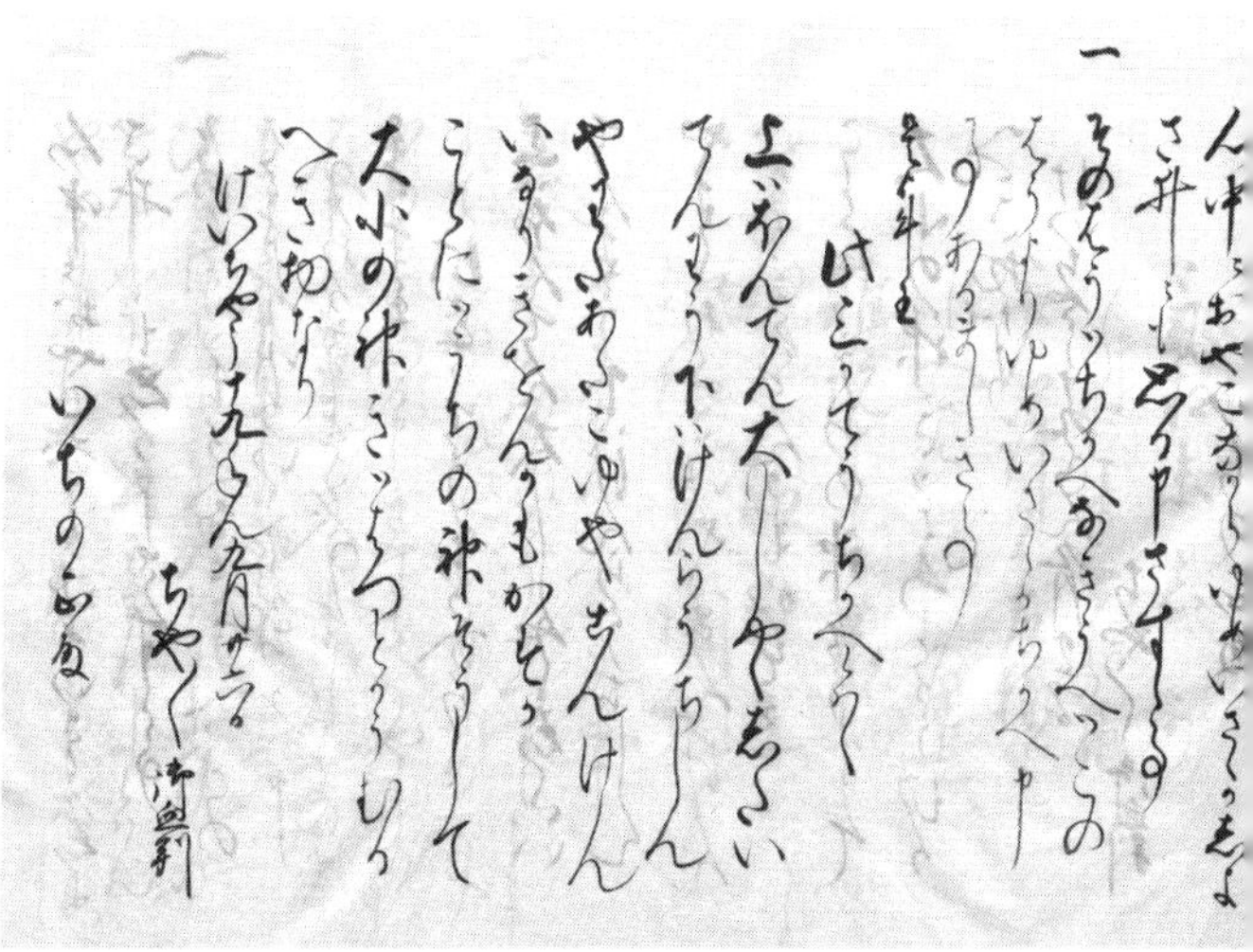

茶々が片桐且元に送った起請文
(「譜牒余録」巻五七より「いちの正殿宛茶々起請文写」、国立公文書館蔵)

告すると、秀頼は「天に誓って俺は知らぬ」と言った。大野らによる且元暗殺計画は、秀頼・茶々が知らないところですすめられたものであり、まさに彼らによる暴走であった。

秀頼が今木に、どうしたら誤解を解けるかと問うと、今木は且元を信頼していることを直接伝えるのが良い、と答えた。秀頼は、直接赴くことはできないとして、書状を出すことにした。このことを聞いた茶々も、且元を信頼している旨の起《き》請《しょう》文《もん》と書状を出した。

ここで茶々が起請文と書状を出しているのは、秀頼の書状だけでは、羽柴家の総意を示すものにはならなかったからである。羽柴家の意志決定は、依然として茶々がおこなっていたがゆえであった。

茶々は起請文で、且元の長年の奉公を評価し、これからも親子ともども且元を決して蔑《ないがし》ろにすることはなく、また強く信頼していることを誓約している。

主人が家来に起請文を書くということは、極めて異例な事態であった。にもかかわらず茶々がここで起請文を出しているのは、それだけこの問題が深刻な事態であることを認識し、何とか且元を説得したいという気持ちのあらわれであろう。親も古くからの家臣もいない茶々にとって、且元は唯一頼れる存在といってよかった。

且元はそれらの書状を受け取ると、あらためて秀頼への忠信に変わりは無い旨の書状を出してきた。秀頼は、且元からの書状をうけて、今度は使者を派遣することにした。そして七《しち》手組《てぐみ》の組頭の一人・速水守久《はやみもりひさ》と今木を派遣し、二通目の書状を出した。

他方で、且元襲撃を狙っていた大野・織田らは、すでに家臣を武装させていて、それぞれの屋敷で待機している状況にあった。織田の屋敷は、且元屋敷に近い、同じ二の丸東に所在した。さらに各櫓《やぐら》に、武装した兵士を配備していた。そのため且元も、城下の天王寺《てんのうじ》に所在した下屋敷《しもやしき》から家臣を呼び寄せて、武装させ、それに対抗するようになっていた。

速水・今木が且元屋敷から帰還した。続けて且元から使者が派遣されてくるが、その時に秀頼は奥に入っていたため、茶々が報告を聞くことになった。且元からは、大野・織田らの軍勢を退去させてもらえれば自身も軍勢を退去させる、という申し出であった。

これに対して茶々は、まず且元から軍勢を退去させるように、そのうえで織田らに軍勢を退去させる、という命令を出した。

この命令をうけて速水は、「これでは解決できない」と頭を掻《か》くのであった。茶々としては、織田は親類衆、且元は家老とはいえ家臣であったから、身分の低い且元から武装解除すべき、という判断であろう。しかし速水は、織田と且元を対等にみていて、双方を同時に武装解除させるべきとみていた。

❖大坂城内での一触即発の状況

結局、速水と今木は、他の七手組の組頭と協同して、双方から人質を出させて、双方を同時に武装解除させることを画策する。秀頼・茶々には、命令通りにおこなったと報告すれば良い、と考えていた。七手組とは、羽柴家直臣《じきしん》によって構成される羽柴家の主力軍であった七つの軍団のことで、その組頭は、羽柴秀吉以来の家臣ないしその後継者で、まさに羽柴家の古参家臣にあたった。

しかし七手組による仲裁がおこなわれないうちに、双方の武装はさらに強められた。二十五日の時点で、秀頼側近衆は一人も出仕していなかったが、それは且元からの反撃を恐れて、屋敷に引き籠もっていたためであったという。二十六日には、且元家臣が本丸《ほんまる》を攻略する計画を立てるが、且元はそれを認めなかった。

対して大野治長は、且元屋敷を襲撃しようとする姿勢をみせた。こうして大坂城内は、たちまち武装兵で充満し、双方で臨戦態勢がとられるようになった。まさに一触即発の状況であった。

十月一日に家康が受け取った板倉勝重の書状には、こうした事態が記されていたと考えられる。家康がそうした大坂城での内部抗争について知ったのは、それより前の九月二十五日のことであった。これは二十三日に且元が出仕を停止したことをうけて、自ら家康に書状を出したためである。それに続いて、二十五日頃に、板倉から家康に書状が出され、また且元も家康に続報を出した。この且元の続報も十月一日には家康のもとに到着したとみなされる。家康はそれらの事態をうけて、大坂城攻めを決断したのであった。

さて且元と織田・大野らの抗争については、九月二十七日、茶々がついに且元を処罰するにいたる。武装解除の命令を無視したことは、主人への敵対であるとしたのであった。且元は隠居して高野山《こうやさん》に隠遁、家老としての役務は取り上げ、管轄している城門も引き渡し、家督は嫡男元包《もとかね》に継がせる、そうすれば且元を赦免《しやめん》する、というものであった。

且元はこれをうけて、秀頼・茶々からは完全に見限られたと認識したことであろう。そしてその命令を受けいれて、七手組の仲裁により、大野治長と人質交換して、上屋敷から退去し、城下の下屋敷に移った。

❖羽柴家からの相次ぐ退去

ここに且元は、完全に羽柴家において失脚した。もっとも且元は、茶々からの命令にあったような高野山に隠遁する気はなく、羽柴家から退去して徳川方に属すことを決めていたであろう。

しかし羽柴家での役務は最後まで全うすることにし、九月二十九日まで下屋敷で羽柴家についての財務処理をおこない、それを終えると帳簿や現金・印判などを秀頼に提出するのである。これをみても、且元に秀頼への翻心《ほんしん》がなかったことは明確であった。

そして翌日の十月一日、且元は一族・家臣すべて、四千人を率いて大坂からも退去し、弟貞隆の居城であった摂津《せっつ》茨木城に移った。退去は、このたびも七手組の仲裁によって、大野治長・織田有楽と人質交換してのことであった。退去には四時間ほどもかかったらしい。退去後に、人質は互いに返還された。こうして且元は、羽柴家から退去し、すぐさま徳川方に味方した。

しかもこの時、羽柴家から退去したのは、且元一族だけではなかった。九月二十七日には織田常真が退去、同じく織田家一族の織田信則《のぶのり》（常真の従弟）も退去した。九月二十八日には古参家臣の石河《いしこ》貞政《さだまさ》ら六人が退去したという。且元の失脚が、徳川家との開戦に繋がるとみていたためであろう。羽柴家の行く末に不安を持った有力者は、羽柴家を見捨てていった。

他方、秀頼たちは、家康への弁明をおこなった。二十八日、秀頼は家康と秀忠に書状を出して使者を派遣し、あわせて板倉勝重にも書状を送って、家康・秀忠への取り成《な》しを要請した。秀頼・茶々も、且元追放が徳川家との政治関係の悪化をもたらすことを十分に認識していたからであった。秀頼の書状が家康のもとに到着したのは、十月三日頃のことであったろう。

だが家康は、すでに陣触を発していた。また秀頼たちは、九月二十九日になると、徳川方との戦争も想定するようになっていて、武装を開始している。いまだ弁明の書状に対しての家康の反応を確認できないなかでのことであった。和戦両様の構えをとったということであろう。

しかし秀頼の弁明は顧みられることはなく、すでに、十月二日には家康の命令によって軍勢の出陣がすすめられていて、四日には、駿府から先陣として、家康九男の徳川義利《よしとし》（のち義直《よしなお》）も出陣していくのである。

このようにみてくると、大坂の陣は、羽柴家での内部抗争が契機になっていたことがよくわかろう。家康は且元に、羽柴家が明確に徳川家に服属する姿勢をとることを要求した。秀頼・茶々は、且元に再交渉を命じたが、大野治長・織田頼長ら秀頼近臣衆は、独自に且元暗殺を企てたことで、双方が武装し対峙するという内部抗争を生じさせてしまった。

もし且元が再交渉にあたることができたなら、このタイミングでの開戦はなかったことであろう。その場合、どのような展開になったであろうか。その興味は尽きないが、もはや知り得べくもない。

豊臣秀頼は凡愚だったのか？家康に対峙した青年の真実

福田千鶴
Fukuda Chizuru

「豊臣秀頼は凡愚だった」と思っている人は多い。しかし実際には、徳川家康が怖れるほどの人物に成長していた。それゆえ、大坂の陣は起きたのである。様々な視角から、「秀頼様」の実像を浮き彫りにしていく。

❖「淀殿」は江戸時代の呼称

豊臣秀頼《ひでより》。その父は、言わずと知れた天下人の豊臣秀吉。母は、天下人・織田信長の姪であり、近江《おうみ》の戦国大名・浅井長政《あざいながまさ》と信長の妹お市《いち》の方との間に生まれた浅井茶々《ちゃちゃ》である。つまり、秀頼は「貴種」であり、天下人となるべき運命の星のもとに誕生したのである。

その生母茶々は、「淀殿《よどどの》」「淀君《よどぎみ》」などの名で呼ばれることが多い。これは、秀吉の妻となった最初に淀城に置かれたことに由来するが、その後、鶴松《つるまつ》を生んで大坂城本丸《ほんまる》に移されると「大坂様」と呼ばれるようになり、文禄《ぶんろく》二年（一五九三）に秀頼（拾《ひろい》）を出産した頃は大坂城二の丸に住んでいたため「大坂二の丸様」、伏見《ふしみ》城西の丸に居を移してからは「西の丸様」と呼ばれた。

「淀殿」という呼び名は江戸時代になってからの呼称であり、かつ豊臣家を滅ぼした悪女としてのイメージが付きまとう。よって、以下では、秀頼生母のことは、茶々と呼ぶ。

❖秀吉死後の政局

慶長三年（一五九八）八月十八日、秀吉が伏見城本丸奥御殿に没した。この時、秀頼は数えの六歳だった。八月三日生まれなので、満でいえばちょうど五歳になったばかりの幼児である。自分の身の回りで起きている出来ごとなど理解できる年ごろではないし、自らの意志で大局を決定することなどできはしない。

そのため、秀吉は五大老（徳川家康・前田利家《としいえ》・毛利輝元・上杉景勝・宇喜多秀家）・五奉行（石田三成・前田玄以・浅野長政《ながまさ》・増田《ました》長盛・長束《なつか》正家）を指名し、秀頼を補佐すべき「公儀《こうぎ》」体制を整え、秀頼の将来を託したのである。

ところが、慶長四年（一五九九）閏三月三日に前田利家が没すると、朝鮮に出兵していた諸将たちの反感を買った石田三成が佐和山《さわやま》に隠居となり、九月には家康暗殺計画の嫌疑を受けた浅野長政が甲斐《かい》に蟄居《ちつきょ》させられる事態となった。

さらに家康は上杉景勝の追い落としにかかり、慶長五年（一六〇〇）六月に会津《あいづ》征討に出発する。その空隙《くうげき》を狙って、石田三成・大谷吉継らが挙兵し、毛利輝元を総大将として臨んだ九月十五日の関ケ原合戦で三成らが敗退し、徳川家康が天下の覇権を握ることになる経緯はよく知られている。

そのなかで、近年明らかになったことは、双方が「秀頼様」のためを掲げて争っていたという点である。つまり、「秀頼様」を支えるためには三成よりは家康を選ぶという論理で福島正則ら豊臣大名は家康に加勢したのであって、戦後は家康が天下の実権を握って「公儀」を運営していくにしても、それは「秀頼様」が成人するまでのこととみなされていたのである。

合戦後に秀頼が大坂城で孤立させられていたわけではなかったし、家康はあくまでも秀頼が成人するまでの中継ぎ天下人に過ぎなかった。

❖天下人に相応しい教養があった秀頼

ただし、それはあくまでも秀頼が天下人となる器量を持っていればのことだった。実力のみで天下を統一したほどの秀吉である。秀頼が無能であれば、いくら秀吉の子であろうと、天下人になるのは夢のまた夢と、秀吉ですら考えていたことだろう。所詮《しょせん》は、秀頼自身がいかに天下人たる資質を蓄え、人心を掌握していくかにかかっていた。

醍醐寺三宝院《だいごじさんぽういん》の義演《ぎえん》は、秀吉の死後から秀頼の誕生日祈禱《きとう》を頼まれるようになり、毎月、秀頼の「武運長久」と「息災安穏《そくさいあんのん》」を祈禱した。

秀頼が公家《くげ》になるつもりだったなどという根拠のない憶測があるが、「武運長久」を第一に願ったことを見ても、秀頼は武将たるべく育てられており、茶々と秀頼の狙いは、あくまでも秀吉が創出した「武家関白《かんぱく》」になることだったとわかる。

また、秀頼は畿内を中心に、ゆうに百を超える寺社の再興にあたった。その建立棟札《こんりゅうむなふだ》には、歴史ある寺社が廃《すた》れていることを憂慮して秀頼が再興を思い立ったもので、この再興により神仏の擁護《ようご》を受けて天下泰平と臣民安楽《しんみんあんらく》がもたらされるといった趣旨が刻まれている。

秀頼の寺社修復は、家康が豊臣家の財政逼迫をねらって勧めたものだと説明されることが多い。だが、秀頼にとっては平和な時代の天下人の事業として位置づけ、人心掌握を図っていたのであり、その延長線上にあるのが京都東山《ひがしやま》の大仏殿再建であった。

慶長十一年（一六〇六）には、秀頼版とよばれる古活字本《こかつじぼん》の『帝鑑図説《ていかんずせつ》』を出版した。西笑《さいしょう》承兌《じょうたい》が草した跋文《ばつぶん》によれば、「秀頼が朝夕この書を手にしており、本書の出版を命じた」との説明がある。

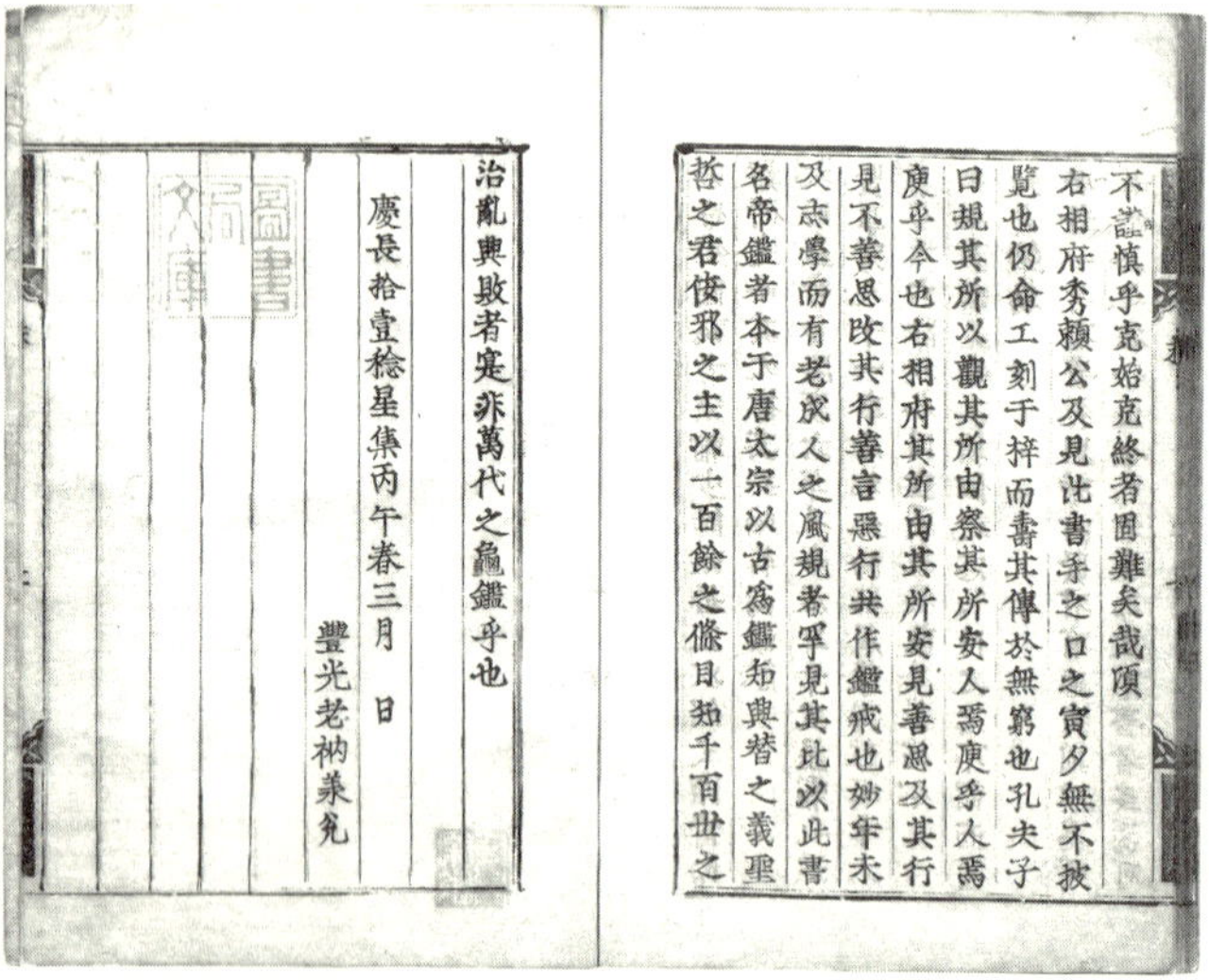

不諳慎乎克始克終者固難矣哉頃
右相府秀頼公及見此書手之口之寅夕無不披
覧也仍命工刻于梓而壽其傳於無窮也孔夫子
曰視其所以觀其所由察其所安人焉廋乎人焉
廋乎今也右相府其所由其所安見善悪及其行
見不善思改其行善言悪行共作鑑戒也妙年未
及志學而有老成人之風視者罕見其比以此書
名帝鑑者本于唐太宗以古為鑑知興替之義聖
哲之君佞邪之主以一百餘之條目知千百世之
治亂興敗者寔非萬代之龜鑑乎也
慶長拾壹稔星集丙午春三月　日
豐光老衲承兌

『帝鑑図説』6巻より、豊臣秀頼が本を朝夕手に取っていたことを記した、西笑承兌の跋文（国立公文書館蔵）

『帝鑑図説』は中国歴代帝王の善行八十一、悪行三十六の逸話を収録した絵入り本であるが、本文は漢文で書かれており、大人でも訓点なしに読むのは難しい内容である。

この前年、秀頼は明経《みようぎよう》博士（大学寮教官の最上席）の舟橋秀賢《ふなはしひでかた》をわざわざ招き、呉子《ごし》（中国の兵法書）の講義を受けている。つまり、この時点で、論語、大学などの基本書の学習を終えていたとみなされ、秀頼が『帝鑑図説』を愛読していたというのも、あながち承兌の忖度《そんたく》評価ではないだろう。

かつ、中国帝王の善行・悪行を鑑《かがみ》とした本書を愛読したのは、秀頼がポスト天下人を意識していたことの証左といえる。

慶長十二年（一六〇七）、秀頼は十五歳となった。秀吉が遺言で、もし秀頼が立派に成人していれば、天下を秀頼に返してくれるよう頼んでいた年になる。

　同年正月十六日に大坂城に登城した義演は、通常の作法で秀頼に対面した。ところが、翌十三年になると、大きな変化があった。大般若経転読《だいはんにゃきょうてんどく》（約三時間）を終え、義演が施主（秀頼）の聴聞《ちょうもん》している御座《ござ》の間に行くと、秀頼が膝をついて軽く礼をし、平座した。それから施主の加持祈禱《かじきとう》となり、例年だと秀頼は退座していたが、この年はそのまま祈禱を受けた。義演は「御成人なり、珍妙〱」と感想を記している。

　さらに振舞いを受けたあと、盃頂戴《さかずきちょうだい》となるが、そのお礼沙汰《ざた》にも秀頼が同席し、秀頼から義演が受けた盃の返礼を秀頼も受けて、盃に口を添えた。見送りとなり、これもいつもは片桐且元《かたぎりかつもと》だけだったが、初めて秀頼が現れて義演らを見送った。義演は今回の初めての対応に、「御成人のしるし、過分〱」と記しており、秀頼の成長に驚きを隠さなかった。秀頼は、着実に自身の成長した姿を人々に示し始めたのである。

　そして、その秀頼を育てたのは茶々である。豊臣を潰した悪女「淀殿」は創られたレッテルなのであり、豊臣家が天下人に返り咲くために茶々・秀頼母子《おやこ》がなしていた努力の姿にも、目を向けてほしい。

❖二条城会見での家康の策謀

家康は慶長十年（一六〇五）に将軍職を秀忠に譲り、同十二年からは駿府《すんぷ》城を造り、駿府で政治をとるようになる。諸大名らも駿府に参府するようになり、秀頼も名代《みょうだい》を派遣して家康に礼をしている。家康も秀頼に鷹で捕らえた鳥などを贈り、それなりの交流を続けていたが、大坂はおろか、京都近郊にも一切近づかなくなった。

その家康が、慶長十六年（一六一一）に久々に上洛することになった。後陽成《ごようぜい》帝の譲位を執行《しっこう》するためである。三月二十七日に後水尾《ごみずのお》帝への受禅《じゅぜん》（前帝の譲位を受けて即位すること）があり、家康はその翌日の上洛を秀頼に要請した。

慶長十年に秀忠が将軍に就任した際にも、家康は秀頼に上洛を求めたが、この時は茶々や諸大名らの反対があり、実現しなかった。それは当然ともいえ、秀忠は将軍になったとはいえ、官職の上では秀頼が上位（正二位右大臣）であり、秀頼が下位（正二位内大臣）の秀忠に礼に出向く道理はない。

しかし、秀頼の妻は徳川千《せん》（千姫）であり、秀忠は岳父《がくふ》にあたる。岳父が将軍になった祝儀を述べに来い、ということにも一理あったが、徳川がこの時は折れる形となった。

こうして二条城会見を迎えた。秀頼はすでに成人して十九歳となっていた。この会見に臨んだ秀頼の真意は、十五歳になったら天下人の地位を返すという約束について、白黒はっきりさせたい気持ちがあったのだろう。

しかし、その会見の場で、家康は関ケ原の戦いにおいて、先に起請文《きしょうもん》を破ったのは秀頼側だと主張し、よって秀吉が没する際に書いた起請文は反故《ほご》であると伝えてきた。

関ケ原合戦時に秀頼は満年齢でいえば七歳、今でいえば小学一年生の児童である。秀頼に起請文の意味や関ケ原合戦の戦局などが理解できようはずもない。

大坂城に拠点をおいた毛利・石田勢の軍勢に、秀頼の馬廻《うままわり》衆が吸収され、伏見城や大津《おおつ》城の攻撃で重要な役割を果たしたのは間違いない。しかしながら、家康自身も「秀頼様」のために石田らを排除するという大義名分を掲げて豊臣大名の協力を得ていたわけであり、それを棚に上げてのものいいと言わざるを得ない。

この会見で、家康の腹の底は見えた。会見を無事に終えて安堵した周囲の者たちには見えなかったかもしれないが、家康と秀頼の双方は、いずれ直接対決が避けられないことを悟ったのである。なお、秀忠は江戸にいて、この会見にはまったく関与していない。これは家康と秀頼の戦いであった。

秀頼が馬にも乗れない巨漢であったかのように書かれることがあるが、だとすれば大坂城から二条城に出向くことなど不可能だっただろう。秀頼は向かう途中で鷹狩を楽しんでもいた。そこにあるのは、立派な武将に成長した若き秀頼の姿である。

これを見て、家康が老い先の短い自己を顧みず、また徳川の将来を案じることがなかったとすれば、大坂の陣が引き起こされることはなかっただろう。

❖大坂の陣へ向けた徳川陣営の戦略

慶長十九年（一六一四）になると、京都東山にある大仏殿（のちの方広寺《ほうこうじ》）の開眼供養の準備が進められていた。ところが、七月になると大仏殿に掲げた鐘の銘文に「国家安康《あんこう》」「君臣《くんしん》豊楽《ほうらく》」とあったことから、これは家康を呪詛《じゅそ》し、豊臣の繁栄を願うものだと難癖がつけられた。

とはいえ、大仏殿再建は徳川と豊臣の共同事業であり、鐘の銘文を家康が見ることは明らかだったから、何もそのようなものに家康呪詛の文言を彫り込まずとも、大坂城内の誰にもみつからない場所で密かに呪詛させればすむ話である。

この銘文を作った清韓《せいかん》長老は、むしろ家康と豊臣とを銘文に隠し題として入れたことに、自分の学識の高さを誇り、悦《えつ》に入っていたと思われる。まったく馬鹿なことをしてくれたものだが、これを家康は見逃さなかった。

大坂の陣の発端がこの鐘銘《しょうめい》事件であることは間違いない。とはいえ、家康は慶長十九年の初めから開戦に向けての準備を着々と進めており、これは口実に過ぎなかった。

まず、年初から西国《さいごく》の諸大名に江戸城普請《ふしん》を命じ、多くの人数を江戸に集結させた。そのなかで、個別の大名の人間関係を洗い出し、徳川への忠誠を誓約させた。九月七日には、江戸にいた大名に一斉に徳川への忠誠を誓う起請文を書かせてもいる。徳川としては、豊臣大名が秀頼に加担することを心底から恐れていたのである。

よく、秀頼に勝つ見込みはあったのか、と聞かれることがあるが、徳川側のこの事前の裏工作を見るならば、家康・秀忠こそが秀頼が勝つ可能性がゼロではないと考え、行動していたことを裏付ける。

こうして十月に大坂冬の陣がはじまり、後藤又兵衛《ごとうまたべえ》や真田信繁《のぶしげ》らの活躍で徳川勢は苦戦し、十二月二十日の和議に持ち込まれる。

そして、秀頼は大坂城の城割《しろわり》をすることを受け入れたが、翌年になると徳川勢があっという間に堀を埋めてひきあげていった。これを元に戻そうと普請を始めたことが、再戦の準備だと捉えられ、四月からの夏の陣となる。

秀頼が出陣しなかったことで大坂方は勢いを失い、五月八日の落城を迎えた。なぜ秀頼が出陣しなかったのかについては、これも徳川側の策略だったのだが、紙幅も尽きたので、詳細は拙著『豊臣秀頼』をお読みいただければ幸いである。

＊　＊　＊

秀頼は凡愚だったのか？

この質問自体が、まったくの愚問である。秀頼が凡愚であれば、大坂の陣は起きなかった。家康はすでに老体となり、ここで秀頼を潰しておかなければ、必ずや、次の天下人は秀頼であると確信したからこそ、大坂の陣は徳川の手によって引き起こされたのである。

秀頼には、家康を恐れさせるオーラがあった。ただ、百戦錬磨の狸おやじの家康とわたりあうためには、秀頼には時間と経験が足りなさ過ぎた。

秀頼、満二十一歳と九ケ月。短い生涯であった。

意外な武将が大坂方にいた！裏事情があって戦いに臨んだ男たち

橋場日月
Hashiba Akira

一発逆転を目論む牢人らを抱えていた大坂方には、「訳あり」の人々が数多く馳せ参じていた。そこには元大名や、名の知れた武将の家臣、徳川家康らから高く評価される勇将もいた。彼らはなぜ大坂城に入ったのか。そして彼らはいかに戦い、どんな運命を辿ったのか……。

❖独眼竜の恩人――和久宗是

和久宗是《わくそうぜ》は三好《みよし》家・足利将軍家・織田家に歴仕した有能な右筆《ゆうひつ》（秘書官）であり、武辺《ぶへん》にも優れ、その後は豊臣秀吉の家臣となった。

伊達政宗と懇意だった宗是は、天正《てんしょう》十七年（一五八九）には「（秀吉による）小田原征伐が決まったので、ここで対応を間違えては万事休しますぞ」と申し入れるなど、政宗の豊臣服属について様々なアドバイスを送っている。

文禄《ぶんろく》四年（一五九五）に関白《かんぱく》・豊臣秀次《ひでつぐ》が太閤《たいこう》・秀吉に対する謀反の疑いで切腹させられるという大事件が発生した際、秀次と親しかった政宗も嫌疑を受け、四国へ左遷されるという噂が流れたが、宗是は政宗のために弁護に奔走した。

宗是の恩を多とした政宗はその後、慶長十七年（一六一二）に彼を仙台に呼び寄せ、二百貫文を与えて住まわせているが、当時数え七十八歳と高齢の宗是は、食客《しょっかく》の待遇を受けたと考えられる。

しかし慶長十九年（一六一四）、大坂冬の陣が勃発すると、宗是は豊臣家の旧恩忘れがたしと、仙台から急行軍で大坂へ馳せ戻った。政宗によると、彼は決死の覚悟を固めていたらしい。

だが幕府軍二十万の重包囲下にあった大坂城に入れず、機会をうかがう内に戦いは講和となったものの、宗是はそのまま大坂に留まった。これは「休戦は束の間であり、幕府は必ず戦いを再開して豊臣家を滅ぼそうとする」と予測したためであり、果たして慶長二十年（一六一五）四月に夏の陣で落城が迫ると、宗是は二の丸の自邸から本丸《ほんまる》に向かうが叶わず、討ち死にしたと伝わる（『伊達世臣家譜《だてせしんかふ》』他）。数え八十一歳という高齢で重い鎧を着けるのは負担となり、白綾《しらあや》の着物に兜だけをかぶるという異装で、槍一本をふるっての華々しい最期だったらしい。

❖秀頼様の御意志のままに――氏家行広

氏家行広《うじいえゆきひろ》は関ケ原の戦いで「東西いずれも幼君秀頼《ひでより》様の御意志によって動いているとは思えない」とどちらにも与《くみ》せず、伊勢桑名《いせくわな》城に籠《こ》もったが、桑名という領地の場所が悪かった。東軍方の福島正則の尾張清洲《おわりきよす》城に近く、桑名の渡《わたし》と伊勢路を押さえる要衝であるため、西軍方からの圧力が強かったのだ。

消極的西軍（石田三成方）となった行広は戦後、東軍主将の徳川家康によって所領を没収されて、京極家や池田家の世話になりながら世を過ごした。

大坂冬の陣では彼を評価する家康からスカウトの声が掛かったが「武道ではもはやお役に立てぬ」と断ったものの、翌年夏の陣では本名を伏せ「荻野道喜《おぎのどうき》」と名乗って大坂城に入った。これは、既に老境に入り、かつてのような武辺働きが出来ないとの遠慮だったのだろうか。それでも秀頼の側《そば》に侍《じ》して自害したのは、関ケ原の戦いの時とは違い、今度こそは秀頼の意志そのものに殉じようという一念の発露だろう。

❖「重々子細有之者」——山川賢信と北川宣勝

仙台藩主伊達政宗が、和久宗是の「強い覚悟」を容《い》れて大坂行きを見逃したことは先に触れたが、政宗の旧臣からは山川賢信《やまかわかねのぶ》と北川宣勝《きたがわのぶかつ》というふたりの武将も大坂籠城に加わっている。

まず山川賢信（墓碑銘では景綱）は、慶長五年（一六〇〇）、上杉景勝の白石《しろいし》城攻めで一番乗りを果たした武勇の士だったが、その後致仕《ちし》して豊臣家の牢人《ろうにん》衆となり、大坂冬の陣に際し、正式な豊臣家の家人《けにん》「大坂衆」へ昇格したらしい。

冬の陣で二千（のち三千）の兵の組頭として平野口《ひらのくち》～八丁目口間の守備につき、真田丸《さなだまる》の側背《そくはい》を支援。のち真田丸守備隊に配され、夏の陣では誉田《こんだ》で真田信繁《のぶしげ》とともに伊達勢を迎え撃ち功名を立てる。戦後幕府軍に自首し、のち松浦重信《まつらしげのぶ》に仕えた（『大坂陣山口休庵咄《きゅうあんばなし》』他）。

次に北川宣勝（一次史料では一利《かつとし》）だが、関ケ原の戦い後数年を経て伊達家を辞去した。大坂城の牢人衆として過ごし、冬の陣に際して豊臣秀頼に目見《めみえ》得て正規家臣となる。

このあたりは山川賢信と同様で、二百騎を指揮する組頭となり、冬の陣十二月四日の真田丸の戦いでは、真田丸に入って幕府軍撃退に貢献した。十二日には玉造口《たまつくりぐち》に攻め寄せた幕府軍・藤堂勢の勇敢さに心打たれて鉄砲攻撃を中止させたという。

夏の陣でも誉田の戦い・天王寺《てんのうじ》口の戦いで奮闘。山川賢信と共に逃げ、自首したが、冬の陣での藤堂勢への温情が認められ助命されたと伝わる。肥前《ひぜん》の大村家に預けられてその生涯を終えた（『大坂口実記』他）。

このふたりについては『土屋知貞私記《つちやともさだしき》』に「重々子細《しさい》有之者（深い事情を持つ者）」という記述があるが、どちらも無事に逃げおおせ、豊臣家滅亡後も助命された経緯を考えあわせると、何やら周辺から密命を言い含められたうえで大坂城に入ったのではないかという憶測も湧かないではない。

❖南部の光武者――北信景

北信景《きたのぶかげ》は盛岡藩南部《なんぶ》家中の名門の出である。小柄ながら俊敏・賢明な人物で、政戦ともに藩の柱石《ちゆうせき》とも言える。だが藩主・利直《としなお》と関係が悪化し、慶長十九年、南部家を退去、京へ上った。

直後に冬の陣が起こると、彼は大坂城に入るのだが、その際に持ち込んだものが凄い。南部家の金山《きんざん》奉行を務めた信景は、近畿各地に取り引き用の黄金を送っていたのだが、京・伏見《ふしみ》・大坂に貯蔵してあった黄金を攫《さら》って行ったのだ。

その黄金で従兵ともども輝くほど美しい軍装で乗り込み、更には豊臣家上層部に贈ったり、豪華な拵《こしら》えの武具を献上したりしたため、「南部の光武者《ひかりむしや》」と評判されたという（『祐清《ゆうせい》私記』）。

大坂落城後は逃亡したが、伊勢松坂《まつさか》で捕縛され、旧主・利直に殺される（『土屋知貞私記』）。

❖細川忠興の次男――細川興秋

細川（長岡）興秋《おきあき》が大坂城に入った遠因は冬の陣から九年遡る。兄の忠隆《ただたか》が廃嫡《はいちゃく》された後、弟で江戸の人質となり、幕府に近かった忠利《ただとし》が家督を継いだ。興秋は代わりの人質として江戸に送られるところであったが、途中、京に留まり続け、とうとう頭を丸めて閉居《へいきょ》してしまったのだ。

元々人質になることを拒んでいた興秋は、祖父・幽斎《ゆうさい》も隠居している京で牢人する道を選んだのだが、鬱勃《うつぼつ》たる不満がその身中に渦巻いていたのだろう。冬の陣が始まると大坂城に籠城し、夏の陣では道明寺《どうみょうじ》の戦いに参加し、天王寺口《てんのうじぐち》の戦いでは四天王寺の南の石鳥居の先に陣取った（『大坂御陣《ごじん》覚書』）というから、方面大将の毛利勝永《かつなが》と並び激戦地で奮戦したと思われ、『綿考輯録《めんこうしゅうろく》』には毛利勝永が戦い疲れたところを救援したとある。

戦後伏見に逃れたが、父・忠興から死を命じられ神妙に切腹した。ちなみに細川家からは重臣で牢人していた長岡監物是季《けんもつこれすえ》も大坂方に加わったが、こちらは戦後細川家に帰参している。

❖復権を夢見た？――新宮行朝

紀伊新宮《きいしんぐう》の領主だった堀内氏善《ほりうちうじよし》の子だが、父が関ケ原の戦いで西軍に与したため改易《かいえき》。父は後に加藤清正の家臣となったが、行朝《ゆきとも》は紀伊国の大名となった浅野幸長に仕えた。しかし冬の陣の前に浅野家から逐電し、大坂城に入っている。「世が世なら城持ち大名の筈《はず》だった」との思いが、一発逆転に賭けさせたのだろう。

冬の陣では大野治房《はるふさ》（治長《はるなが》の弟）の組下となり、夏の陣でも岡山口の戦いで治房隊の左翼を構成した。

戦後は共に大坂城に入っていた弟の堀内氏久《うじひさ》が千姫《せんひめ》（徳川家康の孫で豊臣秀頼の正室）の脱出に貢献したことで家康から助命された。

幸長死後の紀伊藩主・長晟《ながあきら》（幸長の弟）は行朝の身柄を要求し、新宮一揆を煽動したあげく大坂城へ籠もった行朝を「忘恩の徒《と》だ」と強く憎んで処刑を予定していたが、家康の命令とあれば致し方なし、と釈放している。

行朝は大和竜田《やまとたつた》の片桐孝利《かたぎりたかとし》（元豊臣家家宰《かさい》・片桐且元《かつもと》の子）の食客となった後牢人し、一度は新宮の地を踏んだが、昔の家来が金銭を都合して大和に戻し奈良に住まわせたという。幕府の目を怖れて厄介払いされたものか。大名復帰の夢は叶わず、旧臣からも見捨てられたのである。

弟の氏久は旗本として生き残っており、少しの差が兄弟の運命を大きく変えたことが印象深い。他に二人の弟も大坂に入城し討ち死にしたともいう（『土屋知貞私記』）。

❖家康から高い評価――御宿政友

勘兵衛《かんべえ》という通称で語られることが多い御宿政友《みしゆくまさとも》は、若い頃から荒くれ者で、学問には興味を示さず喧嘩ばかりで、ついに父から義絶《ぎぜつ》されたという。

徳川家康、蒲生氏郷《がもううじさと》、上杉景勝、結城秀康と歴仕できたのはその武勇が評価されてのことだったが、彼ほどの暴れ者を御《ぎょ》するには相当な器量を必要とする。

秀康の跡を継いだ子の松平忠直《まつだいらただなお》はその点落第だったようで、政友は松平家を辞去して京に隠棲し、さらに河内へ流れて医者をしていたというが、医薬や看護の学問知識があったとも思えない。その間、大坂城の豊臣家から金銭的援助があったと伝わり（『土屋知貞私記』）、果たして幕府と豊臣家が決裂すると大坂方に参加した。

「大坂方が勝てば越前《えちぜん》国を賜りたい」と秀頼に判物《はんもつ》を請《こ》い、それを首に掛けて「越前」を名乗ったというが、「越前」の件は疑問だ（『土屋知貞私記』）。

家康は大坂城の武将たちを評して「御宿勘兵衛・後藤又兵衛《ごとうまたべえ》（基次《もとつぐ》）のほかに、別段これという人物もあるまい」と述べたという（『武功雑記《ぶこうざつき》』）が、冬の陣では塙直之《ばんなおゆき》と細川興秋が本《ほん》町橋《まちばし》の夜討ちをめぐって争うのを鎮めたと伝わる（「大坂夜討事」）のは、その貫禄がなせる業《わざ》だ。

夏の陣最後の決戦で、政友は大野治房配下として二、三百の兵を率い戦場に出たが、幕府軍との戦いが期せずして始まり、あっという間に混戦となったため、茶臼山《ちやうすやま》の真田信繁に方針の確認をして戻る途中、松平忠直隊の野本右近《うこん》に討たれた。老齢（七十歳前後、諸説あり）と戦傷による障害で腕がきかなかったためで、彼の首を実検した家康も「勘兵衛も歳をとったものだ」と嘆いたという（『落穂集』）。

家康と面識があるほど高名だったという事実を以て瞑《めい》すべきだろう。

❖荒大名・福島正則への餞《はなむけ》？——福島正守と正鎮

福島正守《まさもり》と正鎮《まさしげ》は、豊臣秀吉子飼いの荒大名《あらだいみょう》として知られた安芸備後《あきびんご》二ケ国の主《あるじ》・福島正則の甥である（異説あり）。

兄の正守は伯父の正則に仕え、弟の正鎮は豊臣秀長《ひでなが》（秀吉の弟）に仕えた後、秀長死後は秀吉の直属となった。真田信繁などと同じく、独立して実家とは別に家を立てた形である。

一方の兄・正守は正則の勘気《かんき》に触れて牢人の後豊臣秀頼に出仕しており、ここで兄弟は同僚となる。正則は重臣たちに命じて嫡男の忠勝《ただかつ》と福島勢を大坂に入城させようとしたものの、反対されて断念したという話もあるが（『古老噺《ころうばなし》』）、時系列から考えると現実的ではない。

ふたりは夏の陣で天王寺口の戦いに参加し、この際「福島正守・正鎮以下は天王寺庚申堂《こうしんどう》近辺に布陣した」（『大坂御陣覚書』）というが、茶臼山の東、四天王寺南の毛利勝永隊の補助として松平忠直隊と交戦。幕府軍を天王寺口に引き付け、遊撃の明石全登《あかしてるずみ》が船場《せんば》から長躯迂《ちょうくう》回《かい》して幕府軍の後背《こうはい》を衝《つ》くという作戦に基づいて戦ったと思われる。このふたりは大坂落城後も逃げ延びた。

❖傾奇手の第一——織田頼長

織田信長の弟で茶人として知られる織田有楽斎《うらくさい》（長益《ながます》）には異風奔放の息子がいた。それが織田頼長《よりなが》、通称は左門《さもん》。

慶長十一年（一六〇六）に京で徳川家康側近・大判座《おおばんざ》関係者の後藤長乗《ちょうじょう》の妻の輿《こし》にいたずらしようとして訴えられ、幕府から父の跡継ぎに「立つべからざる者」と大名への道を断たれた（『武徳編年集成』）。

豊臣秀頼の側に仕えていたが、その三年後には「猪熊《いのくま》事件」と呼ばれる朝廷の大スキャンダルで主犯の猪熊教利《のりとし》の逃亡を手引きした咎《とが》で幕府の詮議《せんぎ》を受け、秀頼からも出仕を差し止められて牢人し（『当代記』）、京の五条あたりに隠棲する羽目になる。こうした奇矯《ききょう》な行動から、世間からは「傾奇手《かぶきて》の第一なり」と評されている（『当代記』）。「天下一の傾奇者」といえば連想されるのは前田慶次《まえだけいじ》だが、そんな男伊達《おとこだて》の系譜を引き継いだ形だ。

この一件で父・有楽斎とも仲違《なかたが》い（『蜂須賀《はちすか》家文書』）した頼長は、とやかしの坊、ひょくさい坊と名乗ったという（『大坂陣山口休庵咄』）。とやかしは「どやかし」で「わめき騒ぐ」を意味する「どやく」の変形だろうか。「お騒がせ坊主」である。その後秀頼に再出仕できたようで、豊臣家と幕府の間の緊張が高まった慶長十八年（一六一三）には、前田利長への使者として秀頼からの協力要請を伝えている（拒否されたが）。

冬の陣が始まると三万の人数を預かり、女に甲冑を着けさせ陣中を巡見させたと伝わる

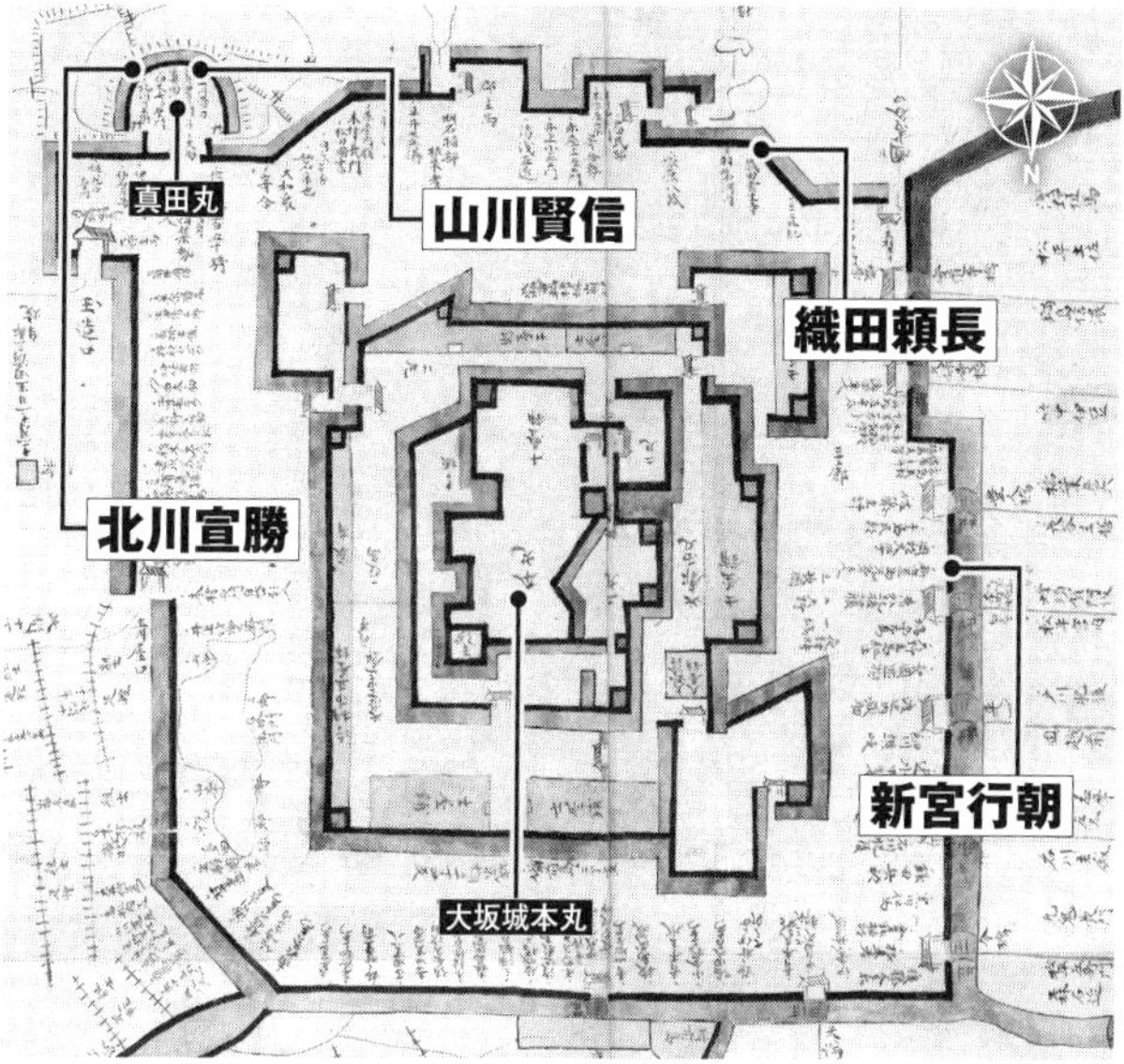

「大坂城仕寄之圖」の大坂城部分。冬の陣における諸将の名前が記されている（国立国会図書館蔵）

（『大坂陣山口休庵咄』『乙夜之書物《いつやのかきもの》』）。

どこまでも外連味《けれんみ》あふれるやり方だが、こんな逸話もある。

冬の陣中のある晩、頼長が守る玉造門方面に無数の松明《たいまつ》が押し寄せてくるとの報告があった。頼長はすわ敵の夜討ちかと出撃したが、松明の群れはあちらこちらと動き、一向に追いつくことができない。とうとう夜が明け、疲れ果てた頼長は「さては狐に化かされたか」と怒ったというのだ（『浪速《なにわ》全書』）。

どこか憎めないユーモアを持ち合わせた頼長の横顔がうかがえる。

夏の陣の前に「自分を総大将に」と秀頼に願い、容れられないと父の有楽斎ともども大坂城を退去したが、父が家康に拝謁したのに対し、頼長は病気で参向しないまま死去した（『土屋知貞私記』）。

世界史からの随想――キリシタン武士が全滅、日本人らしさはかくして守られた

荒山 徹
Arayama Toru

大坂の陣には、豊臣家の滅亡と宗教戦争の両側面があった。そして島原の乱とセットで、世界史の視点から考察すると、日本史における意外な面が見えてくる。

❖大坂城に参陣した錚々たるキリシタン武将たち

大坂夏の陣の慶長二十年（一六一五）、遠くフランスは南西部のガスコーニュ地方で、一人の男児が誕生した。シャルル・ド・バツ＝カステルモールの本名より、通称のダルタニャンで知られる人物。

そう、A・デュマ『三銃士』の主人公ダルタニャンは、実在の人物なのだ！

ただし作中のダルタニャンは一六〇五年生まれと設定されている。年齢を引き上げないと、物語の背景をなすラ・ロシェル攻囲戦にダルタニャンの勇姿を登場させられないからだろう。

フランスでは旧教のカトリックと新教のユグノーの間で、前世紀からユグノー戦争と呼ばれる内乱状態が継続していた。一五九八年のナント勅令で和解が成立するも永続きせず、新教徒たちは一六二七年、西部の港湾都市ラ・ロシェルで武装蜂起。ブルボン王朝による攻囲は十四か月に及び、翌年十月ラ・ロシェルは陥落した。

『三銃士』では、王朝軍の一員として参戦したダルタニャンの痛快な奮闘ぶりが活写されているが、攻撃するダルタニャンらカトリック側にしても、立て籠《こ》もるユグノー側にしても、思いも寄らなかっただろう、極東の日本で十余年前、カトリック教徒が籠城する大坂の陣が戦われていた、などということは。

島原天草《しまばらあまくさ》一揆（いわゆる「島原の乱」）に領主への抵抗と、宗教戦争の両方の側面があったように、大坂の陣にも豊臣家の滅亡と、宗教戦争の両側面があった。

本稿では宗教戦争として大坂の陣を考えたい。大坂の陣と島原の乱とをワンセットと見るのである。

大坂方へ参陣したキリシタン武将、武士らは、宇喜多秀家の元家老明石全登《あかしてるずみ》はじめ、高山右近《たかやまうこん》、内藤如安《ないとうじょあん》、大友宗麟《おおともそうりん》の子ら、夥《おびただ》しい数にのぼるという。

隆慶一郎《りゅうけいいちろう》先生の『捨て童子《どうじ》・松平忠輝《まつだいらただてる》』は、キリシタン小説の匂いも濃厚な長編伝奇ロマンの名作で、彼らの奮戦についてこんな記述が見える。

「キリシタン武士のいくさぶりは凄まじいものがあった。曾《かつ》ての一向門徒を思わせる、死を欣求《ごんぐ》するような突進につぐ突進だった。周知のようにカトリックは掟として自殺を禁じている。だがこの自殺こそ、武士の誇りを守るための最後の手段である。その手段を禁じられ、しかもキリシタンとして生きてゆくことを否定されたこれらの武士たちにとって、残された道は殉教か戦闘中に死ぬか、二つに一つが確実に『ぱらいそ（天国）』へ行ける道だったのである。勇猛果敢になって当然だった」

だが結果は落城、キリシタン武士は全滅した。

いっぽうの徳川家康は豊臣家、カトリックという後顧の憂いを二つながらに除き去り、これぞ一挙両得、一石二鳥、遠き道で負っていた重荷を下ろし、一年後、大往生を遂げるのである。

キリシタン武将、武士たちには別の選択もあったはずだ。彼らは幕府のカトリック禁教に憤り、それこそ「死を欣求」し大坂方に馳せ参じた。しかし先行きの見えていた豊臣方などに与《くみ》するのではなく、自重、潜伏し、堅忍持久《けんにんじきゅう》して、虎視眈々《こしたんたん》と絶好の機会を待つ戦法もあり得たろう。

二十余年後、ついにその好機がやってくる。日本史上、最大規模の一揆となった「島原の乱」が。

❖幕藩体制が瓦解、宗教的に分断された国家に

島原の乱に際し、明石全登ありせば——。

キリシタン武将、武士が、大坂の陣で全滅せず力を秘かに温存させ、天草・島原の一揆勢を支援、もしくは連動したなら――。

その場合、乱はどのような経過をたどっただろうか。

九州は島原・天草の農民たちによるアマチュアの武装蜂起が、幕府と諸藩連合軍をあそこまで苦しめたのだ。戦争のプロフェッショナルたるキリシタン武将、武士が乱を指揮、加勢していたら、いかに「知恵伊豆」こと松平信綱《のぶつな》とて、そう簡単に原城を攻め落とせなかったのではないか。

あるいはまた乱に呼応する形で、攻略目標を江戸に定め、火の手を挙げる戦術も取れたろう。島原と江戸の二方面作戦である。遠く島原に差し向けていた遠征軍の統制に影響が出るのは必定。

幕府軍は、第二次長州征伐を約二百三十年も前に先取りし、惨敗の恥辱を味わうことになったかもしれない。

かてて加えてマニラの存在がある。大航海時代の一四九四年、スペイン、ポルトガル両国は、征服すべき海外領土を巡って紛争になるのを避けるため、互いの侵略範囲を事前に取り決めた。このトルデシリャス条約に基づき太平洋を西進したスペインは、一五七一年にルソン島を占領、アジア侵略の拠点とする。これがフィリピン共和国の首都マニラの起源だ。

十九世紀、ロマノフ朝のロシア帝国は沿海地方に拠点を築き、東（ヴォストーク）を支配せよ（ヴラジ）というロシア語からウラジオストクと名付けたが、さしずめマニラはスペインにとってのウラジオストクであった。

マニラと江戸の間は約三千キロ。

泉州堺《せんしゅうさかい》の貿易商人納屋助左衛門《なやすけざえもん》が呂宋《ルソン》助左衛門と称したように、ルソン島は日本の交易範囲で、黒潮に乗れば来航は難しくはなかった。

ペリー提督の浦賀来航に先駆けること約二百二十年、無敵艦隊の伝統を受け継ぐスペイン海軍の黒船が、江戸湾に襲来する可能性なきにしもあらず。名将高山右近らとともにマニラに追放されたキリシタンたちが、先導役を買って出たことだろう。

島原で農民たちが武装蜂起、潜伏していたキリシタン牢人《ろうにん》部隊が江戸で決起、それに呼応しスペインのマニラ総督が強力なガレオン艦隊を派遣し、江戸城に艦砲射撃を加える。徳川将軍のお膝元は火の海に沈み、幕府は転覆、幕藩体制は瓦解し、列島の一画に「百姓の持ちたる国」ならぬ「キリシタンの持ちたる国」のカトリック教徒領国が誕生。

さらにスペインの影響力が及び、つまり鎖国などあり得ず、日本は宗教的に分断され、まったく違った歴史を歩んだかもしれないのだ。

だが、そんなことにはならなかった。ひとえにキリシタン武将、武士が大坂の陣で全滅してしまったからである。

その意味からして大坂の陣こそが宗教戦争の本祭《ほんまつり》であり、島原の乱は裏祭《うらまつり》という位置づけとなろうか。

キリスト教関連年表

西暦	主な出来事
1549	フランシスコ・ザビエルが来日、キリスト教を伝える
1569	織田信長がフロイスに布教を許可する
1582	本能寺の変で織田信長が討たれる
1585	豊臣秀吉が関白となる
1587	秀吉が伴天連追放令を出す
1590	小田原攻め、秀吉が天下を統一する
1592	文禄の役
1596	長崎で秀吉が宣教師ら26人を処刑する
1597	慶長の役
1598	秀吉が死去
1600	関ケ原の合戦
1603	徳川家康が征夷大将軍となる
1605	徳川秀忠が二代将軍となる
1613	幕府がキリスト教を禁じる
1614	高山右近がマニラに追放される
	大坂冬の陣
1615	大坂夏の陣で豊臣家が滅亡
1624	幕府がスペイン船の来航を禁止
1635	幕府が日本人の海外渡航と帰国を禁止
1637	島原の乱（～38年）
1639	幕府がポルトガル船の来航を禁止（鎖国）

何にせよ大戦略家家康の深謀遠慮《しんぼうえんりょ》、恐るべし。

彼が大坂の陣を発動したのは、キリスト教を全国的に禁じたすぐ翌年、高山右近らをマニラに追放した実に翌月なのだ。速攻である。

アンリ・ポール・モットが、ラ・ロシェル攻囲戦を陣頭指揮するリシュリュー枢機卿《すうききょう》を画に描いているが、その堂々たる姿に、炎に包まれた大坂城を望む家康が重なって映る。

❖不寛容のカトリック、穏やかで寛容な日本

攻囲側がカトリックだったフランスと、カトリックを攻囲した日本、それぞれのその後を宗教的ありように絞って見ておこう。

フランスでは、太陽王ルイ十四世により新教のユグノーが完全に非合法化される。一七八九年フランス革命が勃発、新旧問わずキリスト教それ自体が排斥されて、理性崇拝の宗教が創設されるに到る。カトリック一強という不寛容の行きつく先は、キリスト教そのものを不寛容とすることであった。

一方、日本では大坂の陣と島原の乱でカトリックが全滅し、誰もが檀那寺《だんなでら》の檀家《だんか》になり、

檀家であることを寺院が証明する寺請《てらうけ》制度が設けられた。今日的な仏教の形態の一般化である。

本居宣長《もとおりのりなが》といえば国学《こくがく》の祖で、神道一筋、ガチガチの国粋主義者のように想像されがちだが、フランス革命と同時代人である彼の仏教観は、神仏混淆《しんぶつこんこう》で長くやってきた寛容の日本らしい穏やかさの到達点であると思われるので、紹介しておきたい。

「吾家、すべて先祖の祀《まつり》・供仏《くぶつ》・施僧《せそう》のわざ等も、ただ親の世より為来《なしきた》りたるままにて、世俗とかはる事なくして、ただこれをおろそかならざらんとするのみ也《なり》」(『うひ山ぶみ』)

世界各地で宗教上の対立による悲劇が深刻な昨今、日本国内が平穏無事でいられるのは、淵源《えんげん》すれば大坂の陣のおかげであると言えなくもない。

としたら、わたしたちは徳川家康という近世日本の大プランナーを持てた幸運に、さらなる思いを致してもいいのではないだろうか。

小堀遠州の書状が語る「大坂幕府構想」

跡部 信
Atobe Makoto

豊臣滅亡後の大坂城再築を手がける小堀遠州から、徳川秀忠の信任厚い藤堂高虎への書状（後掲）。そこから見えてきたのは、江戸から大坂への幕府の移転。実は、徳川家康も大坂へ居城を移すことを考えていたというが……。

❖大坂城が将軍の居城に！

もし豊臣家が続いていたら、と考えてみることはあっても、徳川が大坂に幕府をかまえていたら、と仮定することはない。あまりにありえないからである。

だが新史料の発見により、〝大坂幕府〟はありえない話ではなくなってきた。造園や建築設計の名手で、茶人としても名高い小堀遠州《こぼりえんしゅう》の書状が伝える大坂幕府構想を読み解いていきたい。

書状は小堀が伏見《ふしみ》奉行に在職中、寛永三年（一六二六）の十二月十七日付けで、江戸にいる義父の藤堂高虎（伊勢《いせ》国津藩主）へ送られた。藤堂から依頼されていた朝廷への進物《しんもつ》献上の完了を報告したり、大御所《おおごしょ》徳川秀忠の上洛予定を尋ねたり、小堀が造園を担当することになった大坂城内の茶庭《ちやてい》にすえる石の献上を藤堂にすすめているのが、主たる内容である。

この前月に秀忠の娘、東福門院和子《とうふくもんいんまさこ》が後水尾《ごみずのお》天皇の皇子（高仁《すけひと》親王）を出産。藤堂はその祝儀の内容選定と進上《しんじょう》を小堀に託していた。

また大坂城は慶長二十年（一六一五）の豊臣家滅亡後、二代将軍秀忠の号令により元和《げんな》六年（一六二〇）から、およそ十年の歳月をかけて再築された。この間、元和九年（一六二三）に家光《いえみつ》が将軍となったが、引き続き大御所の秀忠が大坂築城工事の指揮をとる。小堀の書状が出された寛永三年といえば本丸《ほんまる》建設のさなかで、天守もこの年に建てられた。

さて小堀は藤堂に大坂城の庭石の献上をすすめるくだりで、「大坂は、ゆくゆくは御居城にもなさるべきところ」と述べている。すなわち、大坂城が将来的には大御所秀忠と将軍家光の居城になる、幕府の本拠地が江戸から移って大坂幕府になるはず、という見込みを気負わずさりげなく、了解事項であるかのように記している。

一千字を超す長い書状の最大の眼目は、ここである。

❖家康とは異なる二元的体制

ただし書状には、大坂城がだれの「御居城」となるのかは明記されていない。

小堀は文中、秀忠の上洛予定を尋ね、茶庭の造園を命じた秀忠の「御意《ぎょい》」について記し、秀忠の病気を心配するが、家光については一言もふれない。「御居城」の主体は、第一義的には秀忠とみるのが自然である。となれば、家康の大御所時代に将軍秀忠を江戸に置き、自身は駿府《すんぷ》で政務をとった〝駿府政権〟のような、大御所秀忠による〝大坂政権〟を小堀がイメージしていた可能性も考えられる。

しかし私は、これを採らない。将軍家光も江戸から移される〝大坂幕府〟体制を小堀が予期していたと考えるのだ。

理由は一つには、大御所と将軍による二元的体制にかんして、秀忠が家康とは異なる運用方法を選択していたからである。

秀忠は家康と同様、代替わりの過渡期に大御所と将軍による二元的体制を採用したわけだが、家康が駿府城を拠点にしたのとは異なり、将軍と同じ江戸城を大御所の居城に選んだ。そして、大御所付きの年寄《としより》（のちの老中）と将軍付きの年寄が合議で政務をこなしたり、合同で連署状《れんしょじょう》を発行したりする体制をととのえて、二元的体制の欠点をおぎなおうとした（藤井譲治『江戸幕府老中制形成過程の研究』）。

これは家康大御所時代の反省の上に、あえて秀忠なりの修正を加えた結果だろう。このような方式を選んだ秀忠が、大御所と将軍が大坂と江戸に遠く離れて別居する体制を構想するとは考えにくいのだ。

小堀の書状の時点で「御居城」といえば江戸城であり、そこには秀忠と家光が住んでいた。

小堀はその所与の前提をふまえ、同じように大御所と将軍が大坂城に同居する未来をイメージしていたのではなかろうか。

❖二人のあいだでは了解事項だった

じつは家康も大坂幕府を構想していたらしい。大坂夏の陣直後に上洛した薩摩《さつま》の島津家久《しまづいえひさ》が、大坂城を将軍秀忠の居城とする予定を幕府の要人たちから聞かされている（『薩藩《さつはん》旧記増補』）。

けれど大坂城は堀を埋められた焼け跡で、すぐに将軍を住まわせるわけにはいかない。そして翌年に家康が没したことで、大坂幕府構想は途絶えたかにみえた。

しかし、小堀の「御居城」発言は無から生じた虚言でなければ、なんらかの根拠をもつはずである。夏の陣直後の大坂幕府構想が五年後に着工の大坂城再築の時期まで根強く残り、秀忠周辺で選択肢の一つとして検討されていた可能性が想定できるのではなかろうか。

再築の作事奉行として天守や櫓《やぐら》の建設を差配した小堀は、幕府の有能な官僚でもあり、上層部とのつきあいも深い。かたやあて名の藤堂高虎も秀忠からの信頼厚く、徳川大坂城の縄《なわ》張《ばり》（基本設計）を担当。小堀の書状にあるとおり、このころも「たびたび（江戸城に）ご登城」し、重用されていた。

そんな二人のあいだで大坂幕府構想が語られ、了解事項となっていたのだ。当時、その構想には、十分に現実味があったにちがいない。

幕末の大坂に滞在したイギリス外交官アーネスト・サトウは大坂城について、江戸城よりも「ずっと美しく、いっそう堅固」、「櫓の数もずっと多い」と書き残した。幕府の本拠を築くつもりで藤堂が設計し、小堀が建築を指揮したのであれば、当然といえる。

❖大坂に幕府を置く意味とは

秀吉没後、秀頼《ひでより》時代の大坂を訪れたスペインの政治家ドン・ロドリゴは、ここを「日本国中最も立派なる所」と評した。イギリスの貿易商リチャード・コックスによれば、大坂の陣直前の段階でも大坂城は「日本の最も堅固なる」城だった。

家康や秀忠でなくても、為政者なら日本一の繁栄を誇る都市、日本一の要害の地を本拠にしたいと望むだろう。

さらに、秀吉が大坂を選んだとき、当地が「五畿内の中央」にあたることを最重視していたことにも注意したい。五畿内とは首都の周囲に位置する山城《やましろ》・大和《やまと》・摂津《せっつ》・河内《かわち》・和泉《いずみ》の五ケ国で、律令国家がさだめた特別区域に由来する。秀吉は拠点の選地にあたって、古代以来の伝統的制度を意識していた。

下剋上の戦国時代でも、身分序列上の頂点に立っているのは天皇だった。天皇の居住地こそが日本の首都であるという観念も強固だった。そしてすくなくとも室町幕府以降、武家政権は朝廷と一体化し、天皇の権威をもりたてる姿勢を示すことで、統治者としての正当性を獲得していた。このような状況からすれば、武家政権の本拠は首都あるいはその近くに置かれる畿内政権が基本形となる。

徳川幕府は江戸を拠点としたのだが、天皇の権威からあえて距離をとろうとしたわけではなかった。家康も秀忠もじつは伝統的な権威を重視し、畿内政権を模索していたのだ。

とはいえ、本拠地の移転は大事業である。大坂城再築の完工から三年後に秀忠が没したことで、大坂幕府実現の機運はしぼんだ。いっぽうで江戸の幕府は消極的選択の帰結として、なりゆきのままに定着していく。

こうして現在、徳川氏の治世は「大坂時代」ではなく、「江戸時代」と呼ばれるようになった。

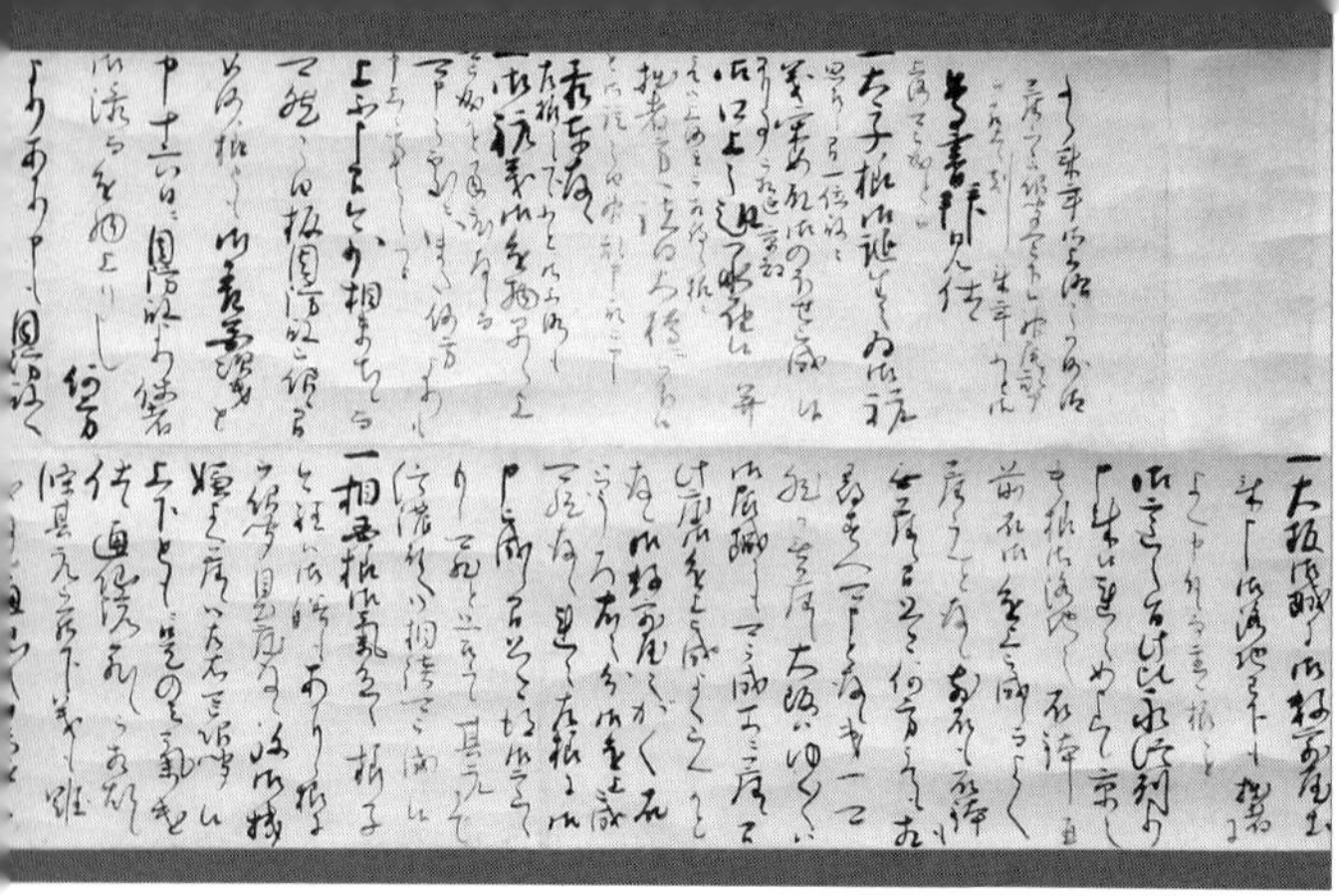

【釈文】

尚々、来年御上洛之御沙汰／御座候ハヽ被仰聞可被下候。神尾刑部／被罷上候刻、来年ふと御／上洛可被成と被／思召候間、一位殿ニ／御下候事被相延、京都／ニて御上洛を被相待候様ニ／と御諚之由、神刑部殿被申候。／左様ニ候ハヽ、ふと御上洛も／可被成かと承度存候而／申上候事ニ候。以上

尊書拝見仕候。

一、太子様御誕生之為御祝／義、采女殿御のほせ被成候／御口上之趣承届候。并／拙者方へ諸白大樽ニ被下候。／忝奉存候。

一、御祝義御進物早々上／可申之処ニ、いまた何方よりも／上不申候間、今少相まち候而／可然之由、板周防殿被仰候間、／如何様とも御差図次第と／申、十六日ニ周防殿より使者／御添而進物上り申候。何方／よりあかり申も周防殿へ／たつねに参候へとも、何程と／さしつハ無御座候。大方／爰許立聞、拙者方より／もくろく書申而、板防州へ／談合仕候へハ一段可然之由ニ而、／拙者書候目録、板防州／自筆にて加筆、任其旨御／進物相極申候。自余之／なミよりハ少多御座候。／太子様へハ御太刀計ニ而／御馬代ハいつれよりもあか

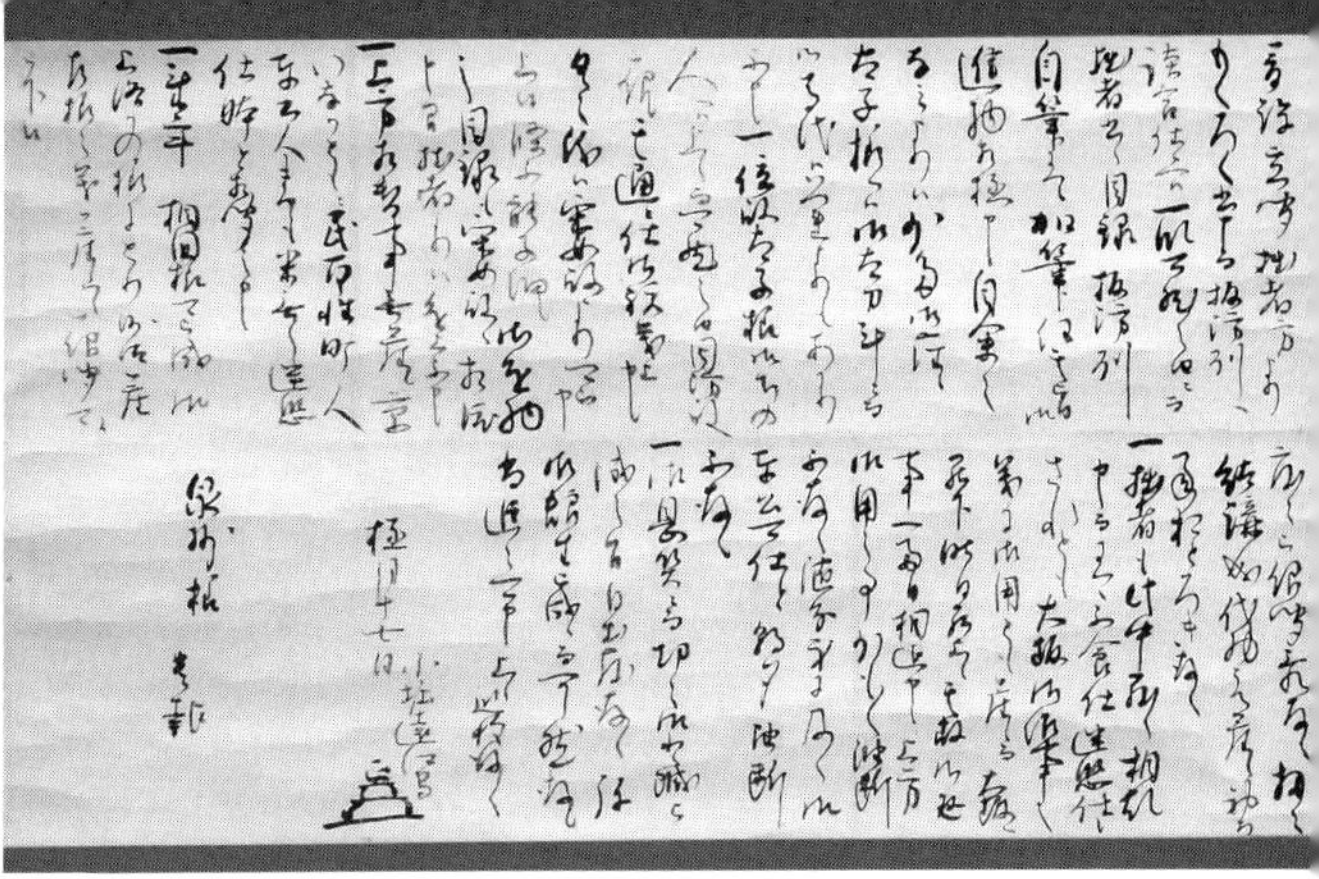

小堀遠州から藤堂高虎への書状（個人蔵）

り／不申候。一位殿・太子様御ちの／人へハ上候而可然之由、周防殿／被仰候。其通ニ仕、御祝義上申候。／具之儀ハ采女殿より可被申／上候条、不能子細候。御進物／之目録も采女殿へ相渡／申候間、拙者よりハ進上不申候。

一、上方相替事無御座候。京／いなかとも二民百性町人／奉公人までも米無之、迷惑／仕躰と相聞え申候。

一、来年　相国様可被成　御／上洛かの様にとり沙汰御座候。／左様之義御座候ハゝ、被仰聞可／被下候。

一、大坂御城に御数寄屋出／来申、御路地已下も拙者に／よく申付候而置候様ニと／御意之旨、此頃永信州より／申来候。連々如申上候、京之／貴様御路地之石鉢并／前石御進上被成候而よく／御座候ハんと存候。前石も石鉢も／無御座候間、只今何方ニても相／尋すへ可申と存候。第一可／然か無御座候。大坂ハゆく／＼ハ／御居城にも可被成所ニ御座候間、／此度御進上被成よく候ハんかと／存候。御数寄屋之がく・石／とうろ、右之分御進上被成／可然存候。連々左様に御／申被成候間、只今得御意候。／もし可然と思召候ハゝ、其元にて／信濃殿へ御相談可被成候。

一、相国様御気色之様子、／今程ハ御膳もあかり候様に／被仰聞、目出度存候。弥御機／嫌よく御座候御左右可被仰聞候。／上下ともニ是のミ気遣／仕候。通仙院散々被相煩候／条、其元被罷下義も難／成存候。通仙之薬をあけ／被申様ニ仕度御事ニ候。

一、中山之かたつき之事、／度々被仰聞忝存候。扨々／結構成代物ニて御座候。初而／承おとろき存候。

一、拙者も此中散々相煩／申候而、于今不食仕、迷惑仕候。／されとも大坂御作事之／義に御用とも御座候而、大坂へ／罷下、昨日罷上候。其故御返／事一両日相延申候。上方／御用之事少も〳〵油断／不存候。随分身に及候御／奉公可仕と朝夕油断／不存候。

一、御息災ニ而切々御登城被／成之旨、目出度存候。弥／御養生被成候而可然存候。／尚追々可申上候。恐惶謹言

極月十七日　　小堀遠江守

正（花押）

泉州様　貴報

【現代語訳】

お手紙を拝見しました。

一、太子様（後水尾天皇の第二皇子、高仁《すけひと》親王。生母は徳川秀忠の娘、東福門院和子《まさこ》）ご誕生のご祝儀

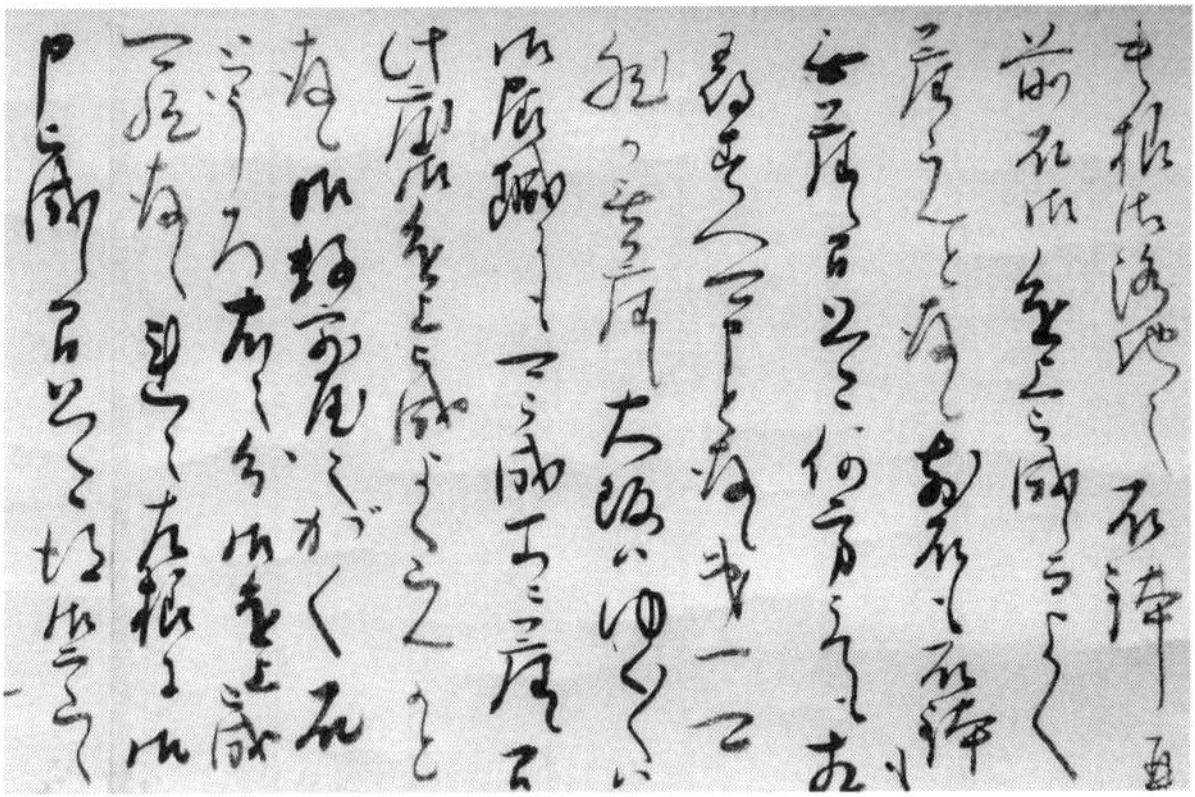

中央部分に「大坂ハ……」とある〈前掲の書状（部分）〉

として采女殿《うねめ》（保田元則《やすだもとのり》。藤堂高虎の重臣。藤堂姓を与えられる）を（京都に）のぼせられ、その御口上の趣旨を承知しました。また、拙者に諸白《もろはく》（清酒）大樽二樽を下され、かたじけなく存じます。

一、（高虎からの）ご祝儀の進物を早々に進上すべきでしたが、「いまだどこからも進上がないので、いま少し待ったほうがよい」と板倉周防守殿《すおうのかみ》（板倉重宗《しげむね》。京都所司代《しょしだい》）がおっしゃったので、「なにごとも御指図しだい」と（返事を）申し、（ようやく昨日）十六日に周防守殿からの使者を添えて進上しました。どなた様からの進上も周防守殿へ尋ねてからなされていますが、（周防守から）どれくらいという指示はありません。当方でおおよそ調べた内容を拙者が目録にして板倉周防守殿に見せ相談したところ、たいへんけっこうとの由《よし》で、板倉周防守殿が自筆で手を加え、それにしたがうかたちで進物の内容が決まりました。ほかの水準よりは少し多めになっています。太子様へは、太刀《たち》のみで、馬代はどなたからも進上しません。一位殿（徳川家康側室の阿茶局《あちゃのつぼね》。高仁親王の生母東福門院和子の母代り）と太子様の乳母《めのと》へは進上するのがよいとの由、周防守殿がおっしゃいました。そのとおりにしてご祝儀を進上しました。詳細は采女殿から報告されるでしょうから、ここでは詳しく書きません。ご進物の目録も采女殿に渡しましたから、拙者からはお送りしません。

一、上方《かみがた》は相変わらずの状況です。京・田舎ともに、民《たみ》百姓、町人、奉公人まで米がなく困っている状態だという話が聞こえてきます。

一、来年、相国様《しょうこく》（太政大臣《だいじょう》徳川秀忠）が御上洛されるかのような風聞があります。そのようなことがあるのならお知らせください。

一、大坂城に数寄屋《すきや》（茶室）を完成させ、露地《ろじ》（茶庭）の造園なども拙者によく命じておくようにと（秀忠の）御意《ぎょい》があった旨、先日、永井信濃守《しなののかみ》（尚政《なおまさ》。秀忠付きの年寄〈のちの老中〉）から申して来ました。ずっと申し上げてきましたとおり、あなた様の京都の露地の石鉢と前石（石燈籠《いしどうろう》の前にすえる石）をご進上されるのがよろしいのではないかと存じます。前石も石鉢も（手もとに）ないので、ただ今、どこかから探してすえようかと思っているところです。第一、適当なものがありません。大坂は、将来的には（秀忠そして将軍の）御居城にもなさるはずのところですので、このたび（石鉢と前石を）進上されるのがよいかと存じます。数寄屋の扁額《へんがく》と石燈籠、これらをご進上されるべきかと存じます。前々からそのように（高虎も）申されていたので、ただ今（高虎の）ご意向を確認しております。もしそれでよいとお考えでしたら、そちらで永井信濃守殿に相談してください。

一、相国様のご容体について、現在はお食事も召しあがっておられるとお知らせくださり、めでたく存じます。ますます御機嫌がよくなったというお知らせをお送りいただきたいものです。上下とも、そのことばかりを気にかけています。通仙院《つうせんいん》（医師の半井驢庵《なからいろあん》）はひどい病気なので、そちらへ行くこともできないように存じます。通仙院の薬を（秀忠に）あげられるようにしたいものです。

一、〝中山の肩衝《かたつき》〟（茶道具。安国寺《あんこくじ》肩衝とも。もと安国寺恵瓊《えけい》の所持。当時は細川忠興の所持品だったがこの寛永三年、細川藩の飢饉を救うため酒井忠勝《ただかつ》〈将軍家光付きの年寄〉に金千八百枚で譲られた）のことをたびたびお知らせくださり、かたじけなく存じます。さてさてけっこうな代金ですね。はじめて聞いて、驚きました。

一、拙者もこのところひどい病気で、いまも食欲がなく困っております。しかし大坂城の建築の御用があるので大坂へ行き、昨日戻ってきました。それゆえ御返事が一日二日遅くなりました。上方での公用は、少しも油断せずにつとめます。精いっぱいの御奉公をしようと、朝夕油断なく存じております。

一、（高虎が）ご息災《そくさい》でたびたび（江戸城に）ご登城されておられる旨、めでたく存じます。ますますご養生なさってください。また追って連絡いたします。恐惶謹言《きょうこうきんげん》

十二月十七日　小堀遠江守《とおとうみのかみ》

正一（花押）

和泉守《いずみのかみ》様（藤堂高虎）

お返事

追伸　来年（秀忠が）御上洛とのお話があるのなら、お知らせください。（秀忠から）一位殿（阿茶局）に、来年ふらりと上洛しようと思っているので江戸への下向《げこう》を延ばし、京都で上洛を待つようにと御諚《ごじょう》があったとの由、神尾刑部《ぎょうぶ》殿（守世《もりよ》。秀忠の家臣。阿茶局の息子）が（上方に）来られたとき、申しておられました。そのようなことでしたらふらりと御上洛なさるのかもと思い、確認したく存じて申し上げております。以上

✣ 初出一覧 ✣（掲載順）

～いずれも『歴史街道』(PHP研究所)より～

笠谷和比古（P13～P32）2023年11月号

黒田基樹（P33～P43）2023年11月号

光成準治（P45～P56）2023年11月号

光成準治（P57～P67）2024年10月号

谷口研語（P69～P82）2023年11月号

橋場日月（P83～P94）2023年11月号

福田千鶴（P95～P106）2024年10月号

山田雄司（P107～P114）2024年10月号

小和田哲男（P115～P132）2024年10月号

笠谷和比古（P135～P152）2024年1月号

黒田基樹（P153～P165）2024年1月号

福田千鶴（P167～P178）2024年1月号

橋場日月（P179～P192）2024年1月号

荒山　徹（P193～P201）2019年2月号

跡部　信（P203～P216）2019年3月号

※本書収録にあたり、改題や加筆修正を行なったものもある。

✣ 本文図表作成 ✣

ウエル・プランニング

P10～11、54～55、74～75、102、134、146～147、199

谷口研語◆たにぐち・けんご
中世史研究者。昭和 25 年（1950）、岐阜県生まれ。法政大学大学院人文科学研究科博士課程単位取得。専攻は日本中世史。著書に『美濃・土岐一族』『明智光秀』『「地形」で読み解く日本の合戦』『流浪の戦国貴族　近衛前久』などがある。令和 6 年（2024）11 月に逝去。

橋場日月◆はしば・あきら
作家。昭和 37 年（1962）、大阪府生まれ。日本の戦国時代を中心に歴史研究、著述活動をおこなう。著書に『地形で読み解く「真田三代」最強の秘密』『新説　桶狭間合戦―知られざる織田・今川七〇年戦争の実相』『明智光秀　残虐と謀略』などがある。

福田千鶴◆ふくだ・ちづる
九州大学基幹教育院教授。昭和 36 年（1961）、福岡県生まれ。平成 5 年（1993）、九州大学大学院文学研究科博士課程後期中途退学。国文学研究資料館・史料館助手、東京都立大学助教授、九州産業大学教授などを経て現職。九州大学博士（文学）。専門は日本近世史。著書に『淀殿』『豊臣秀頼』『春日局』『高台院』などがある。

光成準治◆みつなり・じゅんじ
九州大学大学院比較社会文化研究院特別研究者。昭和 38 年（1963）、大阪府生まれ。平成 18 年（2006）、九州大学大学院比較社会文化学府博士課程修了。博士（比較社会文化）。著書に『中・近世移行期大名領国の研究』『毛利輝元』『関ヶ原前夜』『小早川隆景・秀秋』『本能寺前夜』『天下人の誕生と戦国の終焉』『毛利氏の御家騒動』『安芸・備後の戦国史』などがある。

山田雄司◆やまだ・ゆうじ
三重大学教授。昭和 42 年（1967）、静岡県生まれ。京都大学文学部史学科卒業。亀岡市史編さん室を経て、筑波大学大学院博士課程歴史・人類学研究科史学専攻（日本文化研究学際カリキュラム）修了。博士（学術）。著書に『怨霊とは何か』『忍者の歴史』『忍者はすごかった』『忍者の精神』などがある。

✣執筆者紹介✣（五十音順）

跡部　信◆あとべ・まこと
大阪城天守閣研究主幹。昭和42年（1967）、東京都生まれ。京都大学文学部史学科卒。同大学院文学研究科修士課程修了。平成6年（1994）に大阪城天守閣学芸員となり、現在に至る。京都大学博士（文学）。著書に『豊臣秀吉と大坂城』『豊臣政権の権力構造と天皇』などがある。

荒山　徹◆あらやま・とおる
作家。昭和36年（1961）、富山県生まれ。上智大学卒業後、新聞社、出版社勤務を経て、作家に。平成11年（1999）、『高麗秘帖』でデビュー。『柳生大戦争』で第2回舟橋聖一文学賞、『白村江』で第6回歴史時代作家クラブ賞作品賞、『風と雅の帝』で第30回中山義秀文学賞を受賞。著書に『十兵衛両断』『徳川家康トクチョンカガン』『秘伝・日本史解読術』などがある。

小和田哲男◆おわだ・てつお
静岡大学名誉教授。昭和19年（1944）、静岡市生まれ。昭和47年（1972）、早稲田大学大学院文学研究科博士課程満期退学。文学博士。岐阜関ケ原古戦場記念館館長。専門は日本中世史、特に戦国時代史。著書に『戦国武将の叡智　人事・教養・リーダーシップ』『教養としての「戦国時代」』などがある。

笠谷和比古◆かさや・かずひこ
国際日本文化研究センター名誉教授。昭和24年（1949）、神戸市生まれ。京都大学文学部卒業。同大学院博士課程修了。博士（文学）。専門は日本近世史、武家社会論。著書に『主君「押込」の構造』『関ヶ原合戦』『徳川家康』『論争　関ヶ原合戦』などがある。

黒田基樹◆くろだ・もとき
駿河台大学教授。昭和40年（1965）、東京都生まれ。早稲田大学教育学部社会科地理歴史専修卒業。駒澤大学大学院人文科学研究科博士後期課程満期退学。博士（日本史学）。専門は日本中世史。著書に『戦国大名・北条氏直』『下剋上』『百姓から見た戦国大名』『戦国大名』『北条氏政』『駿甲相三国同盟』などがある。

PHP新書
PHP INTERFACE
https://www.php.co.jp/

『歴史街道』とは

1988年創刊の月刊誌。今ある歴史雑誌では一番の老舗であり、昭和、平成、令和と3つの時代にわたって発行し続けている。現代からの視点で日本や外国の歴史を取り上げ、今を生きる人びとのために「活かせる歴史」「楽しい歴史」を、ビジュアルでカラフルな誌面とともに提供する。

新視点で読み解く！
関ヶ原合戦と大坂の陣　（PHP新書1425）

二〇二五年三月二十八日　第一版第一刷
二〇二五年四月二十五日　第一版第二刷

編者――歴史街道編集部
発行者――永田貴之
発行所――株式会社PHP研究所
東京本部――〒135-8137 江東区豊洲5-6-52
ビジネス・教養出版部 ☎03-3520-9615（編集）
普及部 ☎03-3520-9630（販売）
京都本部――〒601-8411 京都市南区西九条北ノ内町11
本文デザイン――ウエル・プランニング（吉田優子）
装幀者――芦澤泰偉＋明石すみれ
印刷所――大日本印刷株式会社
製本所――東京美術紙工協業組合

ISBN978-4-569-85891-3

ＰＨＰ新書刊行にあたって

「繁栄を通じて平和と幸福を」（PEACE and HAPPINESS through PROSPERITY）の願いのもと、ＰＨＰ研究所が創設されて今年で五十周年を迎えます。その歩みは、日本人が先の戦争を乗り越え、並々ならぬ努力を続けて、今日の繁栄を築き上げてきた軌跡に重なります。

しかし、平和で豊かな生活を手にした現在、多くの日本人は、自分が何のために生きているのか、どのように生きていきたいのかを、見失いつつあるように思われます。そして、その間にも、日本国内や世界のみならず地球規模での大きな変化が日々生起し、解決すべき問題となって私たちのもとに押し寄せてきます。

このような時代に人生の確かな価値を見出し、生きる喜びに満ちあふれた社会を実現するために、いま何が求められているのでしょうか。それは、先達が培ってきた知恵を紡ぎ直すこと、その上で自分たち一人一人がおかれた現実と進むべき未来について丹念に考えていくこと以外にはありません。

その営みは、単なる知識に終わらない深い思索へ、そしてよく生きるための哲学への旅でもあります。弊所が創設五十周年を迎えましたのを機に、ＰＨＰ新書を創刊し、この新たな旅を読者と共に歩んでいきたいと思っています。多くの読者の共感と支援を心よりお願いいたします。

一九九六年十月

ＰＨＰ研究所

PHP新書

［歴史］

061 なぜ国家は衰亡するのか　中西輝政
286 歴史学ってなんだ？　小田中直樹
755 日本人はなぜ日本のことを知らないのか　竹田恒泰
1012 古代史の謎は「鉄」で解ける　長野正孝
1064 真田信之 父の知略に勝《まさ》った決断力　平山 優
1085 新渡戸稲造はなぜ『武士道』を書いたのか　草原克豪
1086 日本にしかない「商いの心」の謎を解く　呉 善花
1104 一九四五 占守《しゅむしゅ》島の真実　相原秀起
1108 コミンテルンの謀略と日本の敗戦　江崎道朗
1115 古代の技術を知れば、『日本書紀』の謎が解ける　長野正孝
1116 国際法で読み解く戦後史の真実　倉山 満
1118 歴史の勉強法　山本博文
1121 明治維新で変わらなかった日本の核心　猪瀬直樹／磯田道史
1123 天皇は本当にただの象徴に堕ちたのか　竹田恒泰
1129 物流は世界史をどう変えたのか　玉木俊明
1130 なぜ日本だけが中国の呪縛から逃れられたのか　石 平
1138 吉原はスゴイ　堀口茉純
1141 福沢諭吉 しなやかな日本精神　小浜逸郎
1142 卑弥呼以前の倭国五〇〇年　大平 裕
1152 日本占領と「敗戦革命」の危機　江崎道朗
1160 明治天皇の世界史　倉山 満
1167 吉田松陰『孫子評註』を読む　森田吉彦
1168 特攻 知られざる内幕　戸髙一成［編］
1176 「縄文」の新常識を知れば 日本の謎が解ける　関 裕二
1177 「親日派」朝鮮人 消された歴史　拳骨拓史
1178 歌舞伎はスゴイ　堀口茉純
1181 日本の民主主義はなぜ世界一長く続いているのか　竹田恒泰
1185 戦略で読み解く日本合戦史　海上知明
1192 中国をつくった12人の悪党たち　石 平
1194 太平洋戦争の新常識　歴史街道編集部［編］
1197 朝鮮戦争と日本・台湾「侵略」工作　江崎道朗
1199 関ヶ原合戦は「作り話」だったのか　渡邊大門
1206 ウェストファリア体制　倉山 満
1207 本当の武士道とは何か　菅野覚明
1209 満洲事変　宮田昌明
1210 日本の心をつくった12人　石 平
1213 岩崎小彌太　武田晴人

1217 縄文文明と中国文明　関　裕二
1218 戦国時代を読み解く新視点　歴史街道編集部［編］
1228 太平洋戦争の名将たち　歴史街道編集部［編］
1243 源氏将軍断絶　坂井孝一
1255 海洋の日本古代史　関　裕二
1266 特攻隊員と大刀洗飛行場　安部龍太郎
1267 日本陸海軍、失敗の研究　歴史街道編集部［編］
1269 緒方竹虎と日本のインテリジェンス　江崎道朗
1276 武田三代　平山　優
1279 第二次大戦、諜報戦秘史　岡部　伸
1283 日米開戦の真因と誤算　歴史街道編集部［編］
1296 満洲国と日中戦争の真実　歴史街道編集部［編］
1308 女系で読み解く天皇の古代史　関　裕二
1311 日本人として知っておきたい琉球・沖縄史　原口　泉
1312 服部卓四郎と昭和陸軍　岩井秀一郎
1316 世界史としての「大東亜戦争」　細谷雄一［編著］
1318 地政学と歴史で読み解くロシアの行動原理　亀山陽司
1319 日本とロシアの近現代史　歴史街道編集部［編］
1322 地政学で読み解く日本合戦史　海上知明
1323 徳川家康と9つの危機　河合　敦
1335 昭和史の核心　保阪正康
1340 古代史のテクノロジー　長野正孝
1345 教養としての「戦国時代」　小和田哲男
1347 徳川家・松平家の51人　堀口茉純
1350 三大中国病　石　平
1351 歴史を知る読書　山内昌之
1355 謙信×信長　乃至政彦
1357 日本、中国、朝鮮 古代史の謎を解く　関　裕二
1358 今村均　岩井秀一郎
1359 近代日本暗殺史　筒井清忠
1363 人口からみた宗教の世界史　宮田　律
1364 太平洋戦争・提督たちの決断　半藤一利
1366 「食」が動かした人類250万年史　新谷隆史
1370 『源氏物語』のリアル　繁田信一
1372 家康の誤算　磯田道史
1375 悩める平安貴族たち　山口　博
1376 ヒッタイト帝国　津本英利
1377 徳川家康の経済政策――その光と影　岡田　晃
1379 昭和史の明暗　半藤一利
1401 蔦屋重三郎《じゅうざぶろう》と田沼時代の謎　安藤優一郎
1405 消された王権 尾張氏の正体　関　裕二
1406 中国を見破る　楊　海英
1408 中国ぎらいのための中国史　安田峰俊
1411 島津氏　新名一仁・徳永和喜